탄소 중립이 뭐예요?

초판 1쇄 발행 2022년 2월 10일
초판 7쇄 발행 2025년 1월 27일
글쓴이 장성익 | **그린이** 방상호 | **감수** 윤순진
펴낸이 홍석 | **이사** 홍성우
편집부장 이정은 | **편집** 조유진 | **디자인** 권영은·김영주 | **외주디자인** 방상호
마케팅 이송희·김민경 | **제작** 홍보람 | **관리** 최우리·정원경·조영행
펴낸곳 도서출판 풀빛 | **등록** 1979년 3월 6일 제2021-000055호 | **제조국** 대한민국 | **사용 연령** 8세 이상
주소 서울 강서구 양천로 583, 우림블루나인 비즈니스센터 A동 21층 2110호
전화 02-363-5995(영업), 02-362-8900(편집) | **팩스** 070-4275-0445
전자우편 kids@pulbit.co.kr | **홈페이지** www.pulbit.co.kr

ⓒ 장성익, 방상호, 2022

ISBN 979-11-6172-449-2 74300
　　　　979-11-6172-448-5(세트)

※책값은 뒤표지에 표시되어 있습니다.
※파본이나 잘못된 책은 구입하신 곳에서 바꿔드립니다.
※종이에 베이거나 긁히지 않도록 조심하세요. 책 모서리가 날카로우니 던지거나 떨어뜨리지 마세요.

탄소 중립이 뭐예요?

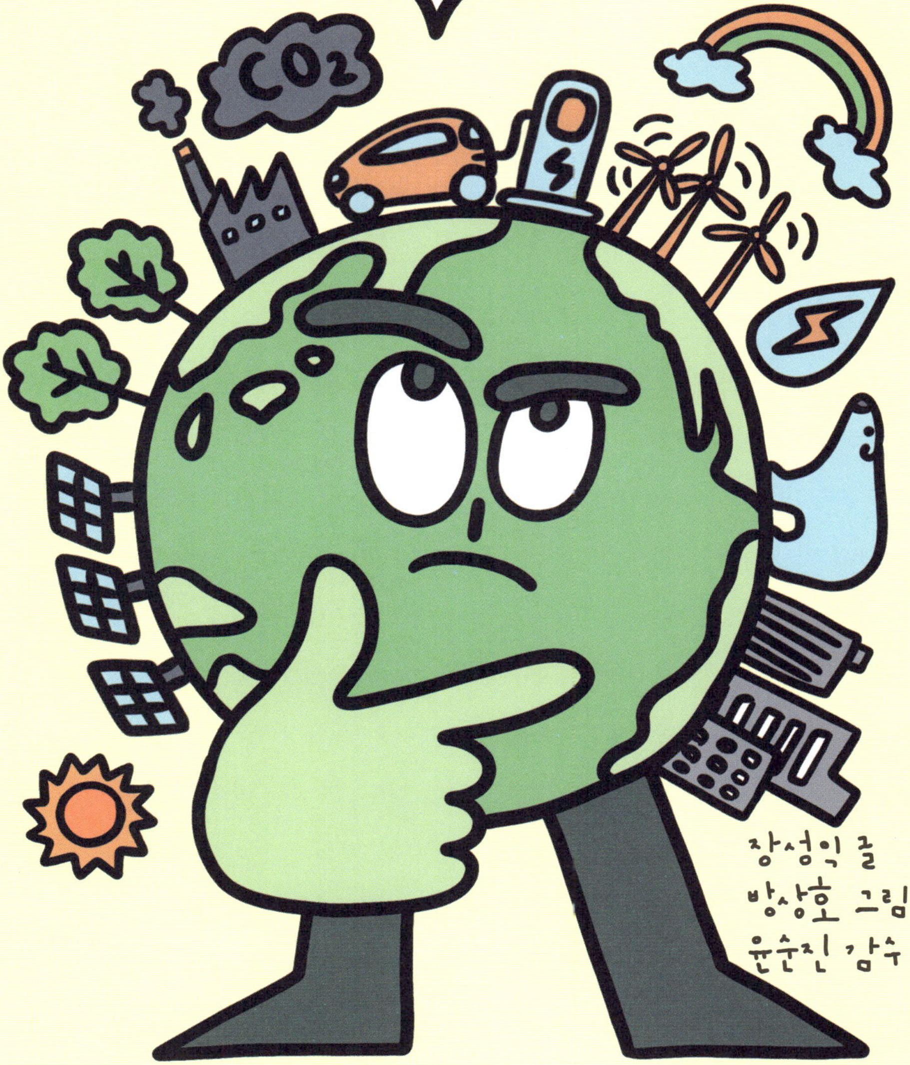

장성익 글
방상호 그림
윤순진 감수

풀빛

작가의 말

자연이 병들면 사람도 병들어

코로나19 바이러스 사태가 전 세계를 뒤흔들고 있어. 우리가 이런 엄청난 시련을 겪게 된 이유는 뭘까? 코로나 사태는 본래 동물 몸속에 있던 바이러스가 사람 몸으로 옮겨 와 마구 퍼지는 바람에 발생했어. 이렇게 된 원인은 물론 다양하고 복합적이야. 하지만 핵심은 동물 서식지 파괴야.

인간이 자연을 지나치게 망가뜨린 결과 생물이 살아가는 곳들도 극심한 파괴와 오염을 겪게 됐어. 수많은 동물이 죽고 병들고 쫓겨 다니게 된 건 그 당연한 결과야. 한데 바이러스도 생명체야. 어떻게든 생존을 이어 가려면 본래 살고 있던 야생 동물의 몸에서 빠져나와 새롭게 살아갈 곳을 찾을 수밖에 없어. 지금 지구 전체 인구는 78억이 넘어. 그러니 바이러스 입장에서 볼 때 인간은 드넓게 펼쳐진 새롭고도 맞춤한 서식지가 아닐 수 없지.

그러므로 코로나 사태는 바이러스가 인간을 공격했다기보다는 인간이 자연을 파괴하고 침범한 결과라고 할 수 있어. 인간이 자연을 무분별하게 망가뜨릴 때 어떤 일이 닥치는지를 생생하게 보여 주고 있지. 모든 것은 서로 연결돼 있고, 사람은 자연의 일부야. 자연이 아프면 사람도 아프고, 자연이 병들면 사람도 병들 수밖에 없어. 코로나 사태는 우리의 생존과 문명의 토대가 자연이라는 것을, 이 지구와 생명체 모두가 건강하고 안전해야 우리 인간도 그럴 수 있다는 사실을 다시금 일깨워 주고 있어.

기후 위기도 마찬가지야. 이전에는 경험하지 못했던 극심한 더위와 추위, 초강력 태풍, 집중 호우, 가뭄, 대형 산불, 바닷물 수위 상승 등이 지구 곳곳을 덮치고 있어. 물론 이전에도 크든 작든 환경 파괴는 있었어. 하지만 대개는 부분적이고 일정한 지역에 한정된 것이었어. 지금의 기후 변화는 달라. 거대한 지구 생태계를 안정적으로 유지해 오던 질서와 균형이 근본적으로 무너져내리고 있어. '대멸종'이라는 말이 오르내릴 정도로 인류의 지속 가능한 생존 자체가 위협받을 정도지. 기후 위기 문제를 제대로 알아야 할 이유가 여기에 있어.

기후 위기의 실체는 뭘까? 왜 발생했을까? 이 지구와 우리 삶에 어떤 영향을 미치고 있을까? 해결책은 뭘까? 우리가 일상생활에서 구체적으로 해야 할 일과 할 수 있는 일은 뭘까? 특히 기후 위기와 관련하여 요즘 '탄소 중립'이라는 말이 대유행인데 이건 뭘까? 이 책은 이런 질문들에 대한 알기 쉬운 답변서야. 이 책이 기후 위기를 이겨 내고 녹색별 지구를 살리는 데 조그만 보탬이라도 되었으면 좋겠어.

장성익

작가의 말 · 4

1장 대멸종이 시작됐다고? · · · 8

사람도 공룡처럼? · 10
지구가 뜨거워지고 있어! · · · · · · · · · · · · · · · · 13
기후 변화가 난민을 만들어 · · · · · · · · · · · · · · · 17
식물도 동물도 모두 피해자 · · · · · · · · · · · · · · · 21
불타는 지구 · 23

2장 기후 위기가 뭐기에 · · · 28

기후가 문명을 낳았어 · · · · · · · · · · · · · · · · · · · 30
온실가스를 만드는 화석 연료 · · · · · · · · · · · · · 32
기후 위기가 무서운 이유 · · · · · · · · · · · · · · · · 37
기후 위기의 티핑 포인트는? · · · · · · · · · · · · · · 43
지구를 지키는 1.5도 · · · · · · · · · · · · · · · · · · · 49

3장 탄소 중립이 뭐예요? · 56

파리 협정의 빛과 그늘 · 58
기후 위기 해결, 탄소 중립으로! · 63
탄소 제로 시대를 향하여 · 69
우리나라는 기후 악당 국가? · 72

4장 기후에도 정의가 필요해 · 78

우리한테 무슨 죄가 있나요? · 80
기후 위기도 불평등해 · 87
선진국들에게 더 큰 책임과 의무를! · 92

5장 에너지 전환으로 탄소 중립을! · 96

에너지 낭비를 줄이려면 · 98
재생 에너지에 날개를! · 101
내가 만드는 탄소 중립 · 109
생활 속 탄소 중립 실천하기 · 116
"지금 당장 행동하십시오" · 125

1장
대멸종이
시작됐다고?

가바긴 지구 생명의 역사에서
수많은 생물이 지구상에서 사라져 갔어.
공룡처럼 말이야.
그런데 인간도 공룡처럼 멸종할지도 모른다는
경고가 나오고 있어.
바로 기후 위기 때문에!

사람도 공룡처럼?

 다들 어릴 때 공룡 그림책 하나쯤은 읽은 적 있지? 티라노사우루스 같은 거대한 공룡의 모습이 무섭기도 하지만 그 강한 힘이 멋있어 보이기도 했을 거야. 하지만 아무리 공룡이 좋아도 직접 만날 순 없어. 공룡은 이미 오래전에 이 지구상에서 사라졌으니까. 이처럼 한 종류의 생물이 완전히 없어져 버리는 걸 멸종이라고 해.

공룡뿐만 아니라, 기나긴 지구 생명의 역사에서 수많은 생물이 지구상에서 사라져 갔어. 반대로 수많은 생물이 새롭게 등장하기도 했지.

그렇다면 우리 인간은 어떨까? 우리도 공룡처럼 멸종하지는

않을까? 뭐? 말도 안 되는 얘기라고?

 근데 놀라지 마. 인간도 멸종할 가능성이 크다는 경고가 요즘 들어 부쩍 자주 나오고 있어.

 혹시 '대멸종'이라는 말을 들어 봤니? 지구상에 존재하는 생물의 75퍼센트 이상, 그러니까 전체 생물의 4분의 3 이상이 사라지는 걸 말해. 지구와 자연 생태계 전체의 틀이나 질서 같은 게 근본적으로 바뀌는 어마어마한 사건이지. 지구 역사에는 이런 대멸종이 지금까지 모두 다섯 번 있었어. 공룡이 사라진 게 6,500만 년 전에 일어난 다섯 번째 대멸종 때였어. 가장 규모가 컸던 건 2억 5천만 년 전쯤에 벌어진 세 번째 대멸종이야. 이땐 지구 생명체의 무려 95퍼센트 이상이 사라졌어.

 그런데 지금 이런 대멸종 사태가 이미 진행되고 있거나, 곧 시작될 조짐이 갈수록 분명하게 보이고 있다고 해. 이게 요즘 사람들 입에 자주 오르내리는 '여섯 번째 대멸종' 사태야. 즉, 인간도 멸종할지 모른다는 거지.

 한데, 옛날에 있었던 다섯 번의 대멸종 사태에서 공통으로 확인할 수 있는 사실이 하나 있어. 대멸종이 벌어질 때마다 생태계에서 가장 강하고 제일 높은 자리에 있던 생물종은 빠짐없이 멸종했다는 거야. 공룡이 대표적이지. 그 이유는 이런 생물종이 계속 생존하려면 다른 생물종보다 훨씬 더 많은 에너지를 사용해야 하기 때문이야. 사실 이들 생물종은 그 덕분에 강해지고 커져서 생태계의 꼭대기 자리에 오를 수 있었거든. 하지만 역설적으로 바로 그 때문에 거대한 환경 변화 같은 위기가 갑자기 닥치면 빨리 대처하거나 적응하기가 어려웠던 거지.

자, 여기서 한번 생각해 봐. 지금 지구 생태계에서 가장 강력하고도 독보적인 우두머리 자리에 있는 생물종이 뭐지? 온 지구를 호령하는 거대한 문명 세계를 건설한 우리 인간이잖아? 이게 뜻하는 바가 뭐겠어? 수많은 이가 경고하는 것처럼 실제로 여섯 번째 대멸종이 진행되고 있거나 머잖아 일어난다면 우리 인간은 멸종의 비극을 피하기 어렵다는 말이야!

지구가 뜨거워지고 있어!

이런 얘기를 들으니 오싹한 느낌이 들지도 모르겠어. 실감나지 않을 수도 있고. 하지만 이 책을 읽어 나가다 보면 지금 우리가 맞닥뜨리고 있는 상황이 얼마나 심각한지를 잘 알게 될 거야.

 과거 다섯 번의 대멸종이 왜 일어났는지를 연구한 학자들은 중대한 공통 원인을 찾아냈어. 그게 뭘까? 바로 기후 변화야. 지구 환경이 평소와는 달리 몹시 더워지거나 추워지는 것과 같은 새로운 기후 조건에 놓이면 이것이 생명체에게는 죽느냐 사느냐를 가름할 정도로 큰 영향을 미친다는 얘기지.

 학자들이 연구해 보니 대멸종의 가장 큰 직접 원인은 대개 소행성이나 운석의 지구 충돌, 대규모 화산 폭발 같은 거였어.

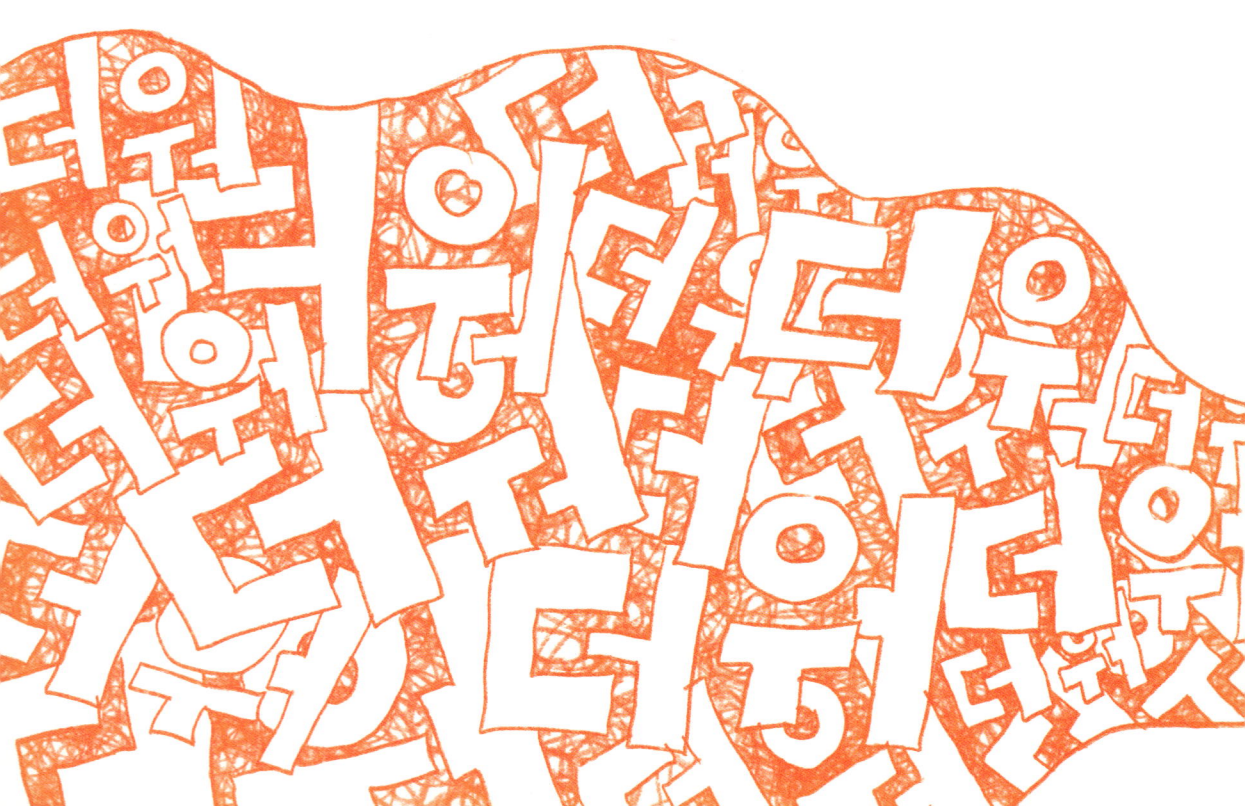

거대한 화산이 오랜 세월에 걸쳐 계속 폭발하면 어떤 일이 벌어질까? 엄청난 양의 용암과 화산재는 물론 수증기나 이산화 탄소 같은 화산 가스가 뿜어져 나오고 이것들이 먼 곳으로도 퍼져 나가. 폭발의 영향으로 곳곳의 숲과 산에서 커다란 불이 나기도 해. 소행성이 지구와 충돌하면? 부딪칠 때의 충격 강도가 워낙 세서 엄청나게 많은 돌, 흙, 먼지 등이 발생하고 이것들이 멀리

흩뿌려져. 화산 폭발 때와 비슷한 일이 벌어지는 셈이지.

이런 요인들이 복합적으로 합쳐지면 대기나 땅의 성분, 바다 상태 등에 커다란 변화가 일어나게 돼. 게다가 그 영향은 화산 폭발이나 소행성 충돌이 일어난 곳의 주변 지역에서 끝나지 않아. 긴 세월에 걸쳐 결국은 지구 전체에 영향을 미치게 되지. 이런 일들이 쌓인 결과로 일어나는 게 기후 변화야.

그런데 기후 변화는 까마득한 옛날인 수천만 년이나 수억 년 전에만 일어났던 일이 아니야. 지금 이 순간에도 지구 전체에서 무서운 기세로 진행되고 있어. 여기서 핵심은 뭘까? 바로 지구가 급속하게 뜨거워지고 있다는 점이야. '지구 온난화'라는 말을 들어 본 적 있니? 여섯 번째 대멸종이 일어날 수도 있다는 우려와 불안이 높아지는 근본 원인이 여기에 있어.

그렇다면 오늘날 기후 변화 사태가 심각하다는 걸 어떻게 알 수 있을까? 그건 오늘날 지구촌 곳곳에서 시도 때도 없이 벌어지고 있는 기후 관련 재앙들을 살펴보면 돼. 이전에는 경험하지 못했던 극심한 더위와 추위, 초강력 태풍, 집중 호우, 대형 산불, 홍수, 가뭄 등과 같은 극단적인 기후 현상들이 이전에 견주어 훨씬 더 자주 발생하고 있거든. 그 강도와 규모 또한 갈수록 커지고 있고.

그래서야. 요즘은 '기상 관측 이래 최고 폭염', '100년 만의 최대 폭우', '역사상 최악의 초대형 산불' 등과 같은 기사나 뉴스 제목들이 심심찮게 언론에 등장하고 있어. 하나같이 지구 곳곳을 무차별로 강타하고 있는 지금의 기후 변화 사태가 얼마나 심각한지를 보여 주는 표현들이지.

기후 변화가 난민을 만들어

기후 변화가 얼마나 큰 피해를 일으키는지를 가장 생생하게 보여 주는 건 기후 난민이야. 기후 난민이란 기후가 급격히 바뀜에 따라 기존의 삶터에서 더는 살아가기가 힘들어져서 다른 곳으로 이주할 수밖에 없는 사람을 가리키는 말이야. 기후 변화 사태가 수많은 사람을 생존의 벼랑으로 내몰고 있다는 얘기지.

이런 어처구니없는 일이 일어나는 이유는 지구 온난화 탓에 바닷물 수위가 높아지고 있어서야. 실지로 태평양에 있는 투발루

나 키리바시 같은 작은 섬나라들이 이런 비극을 겪고 있어. 기후 변화를 막지 못한다면 머잖아 이 나라들은 바닷물에 잠길 수밖에 없어. 투발루의 경우 전문가들은 대체로 2060년 무렵이면 이 나라의 대부분이 물에 잠길 거라고 예상해. 이렇게 되면 이 나라

사람들은 어디로 가야 할까?

　바닷가 낮은 지역에 사는 사람들도 위태롭기는 마찬가지야. 이를테면 해안가에 많은 인구가 몰려 사는 인도양 연안의 방글라데시는 기후 변화 피해가 극심하기로 유명한 나라야. 기후 관련 국제 기구들은 방글라데시에서 2050년까지 전체 인구 1억 6천여 만 명 가운데 2천만 명에 이르는 기후 난민이 발생할 것으로 예측해. 세계 전체로는 2억 5천만 명의 기후 난민이 발생하리라는 전망이 나오고 있어. 유엔 난민 기구에 따르면 이미 지금도 폭우, 가뭄, 해수면 상승, 초대형 태풍 등으로 해마다 2천만 명이 넘는 난민이 생기고 있어. 지난 2017년에는 방글라데시, 인도, 네팔 등을 포함하는 남아시아 지역에 대홍수가 덮쳐서 4천만 명이 넘는 사람이 삶터를 등지고 떠나는 사태가 발생하기도 했어.

난민이라 하면 가장 쉽게 떠올릴 수 있는 게 전쟁 난민이잖아? 하지만 기후 변화를 비롯한 환경 파괴로 삶터에서 밀려나는 사람이 전쟁 난민보다 훨씬 더 많아진 게 현실이야. 이처럼 기후 변화는 자연만이 아니라 사람의 삶과 생존 또한 심각하게 파괴하고 있어.

그런데 지구 기온이 올라가면 왜 바닷물 수위가 높아질까? 두 가지 이유가 있어. 첫째, 남극과 북극 지역의 빙하나 빙산이 녹아서 바닷물의 양 자체가 늘어나서야. 예를 들어 북극 빙하의 부피는 1980년에 비해 2010년대에는 5분의 1로 줄어들었다고 해. 둘째, 모든 물질은 온도가 올라가면 팽창하는 속성이 있어. 물도 마찬가지야. 온도가 올라가면서 바닷물의 부피가 커지니 수위가 올라가는 건 당연한 결과겠지?

식물도 동물도 모두 피해자

 2019년 오스트레일리아에서는 초대형 산불이 나서 여섯 달 동안이나 계속된 적이 있어. 원인을 알아보니 기후 변화가 일으킨 이상 고온 현상과 오랜 가뭄이 겹친 탓이었어. 조사 결과마다 조금씩 다르긴 하지만, 이 산불로 우리가 사는 남한 전체 면적의 두 배에 해당하는 숲과 땅이 불탔고 5,700채에 이르는 집과 건물이 불길 속에서 무너졌어. 곤충 등을 포함하면 죽은 야생 동물의 수가 13억 마리에 이른다는 분석 결과가 나오기도 했어.

 오스트레일리아뿐만이 아니야. 미국 서부, 러시아 시베리아 지역, 유럽 남부 등 세계 곳곳에 거의 매년 대규모 산불이 발생해서 커다란 피해를 보고 있어.

기후 변화는 농사에도 큰 영향을 미쳐서 식량 생산을 줄어들게 만들어. 예컨대 비가 충분히 내려야 할 때 내리지 않거나 반대로 비가 오면 안 될 때 큰비가 쏟아지거나 하면 농사를 망칠 수밖에 없겠지? 봄이 빨리 오거나 늦게 오는 바람에 식물이 꽃을 피우는 시기와 벌이나 나비가 활동하는 시기가 서로 달라지면 식물의 꽃가루받이가 제대로 이루어질 수 없고 말이야. 이렇게 되면 농작물 수확량이 크게 줄어들게 돼.

이전에는 경험할 수 없었던 극심한 한파나 폭염이 들이닥쳐도 같은 문제가 발생해. 이런 일이 잦아지면 사람도 큰 피해를 보지만, 기존의 기후에 적응해서 살아가던 식물들도 말라 죽거나 얼어 죽기 때문이지. 지구 곳곳에서 사막화가 진행되면서 경작지나 숲이 급속하게 줄어드는 것도 큰 문제야.

바다는 어떨까? 물고기를 비롯한 해양 생물들도 기후 변화로 바닷물 온도나 해류의 흐름이 바뀌면 타격을 피하기 어렵겠지? 바뀐 환경에 적응하지 못해서 점점 수가 줄어들거나 다른 데로 쫓겨 가게 될 테니까 말이야. 이처럼 기후 변화는 우리의 먹거리를 책임지는 농업과 어업 모두를 크게 망가뜨리고 있어.

기후 변화는 코로나19처럼 동물에서 비롯하는 감염병을 더 많이 만들어 내고 또 더 널리 퍼뜨려. 앞서 말했듯이 기후 변화는 산불, 가뭄, 홍수, 사막화 등을 더 많이 일으키는데, 이는 야생 동물들 처지에서는 살 곳을 잃는다는 걸 의미해. 이렇게 삶의 터전을 빼앗긴 야생 동물들은 먹이를 구하려고 사람 사는 곳이나 가축 기르는 곳을 찾아올 수밖에 없어. 이렇게 되면 사람들과의 접촉이 늘어나고, 그 결과 야생 동물들 몸속에 들어 있는 바이러스에 사람이 감염될 위험이 커질 수밖에 없겠지?

기후 변화로 기온이나 습도 등이 바뀌면서 바이러스가 전파되는 속도가 빨라지기도 해. 특히 온도가 올라가면 모기가 늘어나는데, 그 탓에 말라리아나 뎅기열처럼 모기가 옮기는 전염병이 더욱 넓은 지역에서 발생할 거라는 우려가 커지고 있어.

불타는 지구

여름철 극심한 더위가 세계 곳곳에서 일으키는 피해도 만만찮아. 2021년 여름만 보더라도 미국과 캐나다 서부 지역에 최고

기온이 50도에 육박하는 사상 최악의 불볕더위가 덮치는 바람에 수많은 사람이 사망했어. 30도만 넘어도 덥다고 힘들어하는 판에 50도면 진짜 살인적인 더위지? 그런가 하면 지구에서 가장 추운 곳 가운데 하나로 꼽히는 시베리아 북동쪽 도시들의 온도가 35도까지 치솟기도 했어. 유럽의 터키와 그리스는 불볕더위에 대규모 산불까지 덮치는 바람에 북쪽 어느 도시 기온이 47.1도를 기록했는데, 이는 이 고장 역사상 처음 있는 일이었어. 실

제로 미국 국립 해양대기청(NOAA)은 2020년 9월에 "지금까지 지구가 가장 더웠던 다섯 해가 모두 2015년 이후"라고 밝혔어.

이런 사례들을 일일이 소개하자면 몇 페이지로도 모자랄 거야. 일찍이 경험하지도 못했고 상상할 수도 없었던 일들이 세계 곳곳에서 무시로 벌어지고 있어. 가히 전 지구적인 기후 비상사태라 할 만하지.

그렇다면 우리나라는 기후 변화의 안전지대일까? 아니야. 본래 사계절이 뚜렷한 온대 기후였던 우리나라 기후가 점차 아열대 기후로 바뀌고 있어. 남쪽의 제주도와 남해안 지역이 특히 더

그래. 그 결과 농작물 재배 지역이 바뀌고 있지. 예를 들면 사과나 포도 등을 재배하는 지역이 더욱 북쪽으로 올라가고, 이전에는 볼 수 없었던 열대 과일 재배가 늘고 있어. 실제로 바나나, 커피, 올리브 등이 우리나라에서도 재배되고 있어.

 봄과 가을이 아주 짧아지고 여름철 폭염이 이전보다 훨씬 더 기승을 부리는 건 우리가 직접 경험하고 있는 일이야. 낮 최고 기온이 33도 이상인 더위가 이틀 이상 이어지면 폭염 주의보가, 낮 최고 기온이 35도 이상인 더위가 이틀 이상 이어지면 폭염 경보가 발령되거든. 그런데 기상청 발표에 따르면 한 해에 평균적으로 폭염이 발생하는 날이 과거 48년 동안(1973~2020년)은 10.1일이었는데 최근 10년 동안(2011~2020년)은 14.0일이야. 약 4일이 늘어난 거지. 그래서 폭염 일수가 가장 많았던, 다시 말하면 가장 무더웠던 해 1~5위 중 1, 3, 4위가 최근 10년 사이에 들어 있어. 우리나라에서도 바야흐로 기후 변화가 진행되고 있다는 증거들이지.

 오늘날 기후 변화는 인류 모두가 가장 긴급하게 대응하고 해결해야 할 지구촌 최대의 환경 문제로 손꼽히고 있어. 우리 인간의 지속 가능한 생존을 뿌리에서부터 위협하고 있기 때문이야. 게다가 기후 변화가 미치는 영향은 특정한 곳이나 때, 일부 대상에 국한되지 않아. 이 지구 전체와 여기에 깃들어 살아가는 모든 생명체뿐만 아니라, 현세대를 넘어 미래 세대의 삶과 운명마저도 판가름할 중대한 문제야. 인류가 그동안 한 번도 겪어 보지 못한 거대한 재앙이기도 하고.

그래서 요즘은 '기후 변화'라는 좀 중립적이고 어정쩡한 말 대신에 '기후 위기'라는 용어를 더 많이 쓰고 있어. '기후 파국'이나 '기후 비상사태' 같은 말도 자주 쓰고, 지구가 '더워진다.'라는 말 대신에 '뜨거워진다.'라는 표현을 더 많이 쓰기도 해. 심지어 '뜨거운 지구'라는 말로도 모자라 '불타는 지구'라는 말이 심심찮게 쓰일 정도야. 그만큼 기후 위기가 심각한 상황이라는 뜻이지. 더 이상 손 놓고 있을 수만은 없다는 얘기야.

2장
기후위기 뭔데

기후에는 지구 생태계를 이루는
자연의 모든 것이 깊이 연관돼 있어.
그만큼 기후 위기는 중대하고도
심각한 문제야.
기후 위기의 원인은 뭐냐고?
바로 인간이 뿜어내는 온실가스야!

기후가 문명을 낳았어

기후는 왜 중요할까? 기후 위기가 시대 흐름을 뒤바꿀 정도로 큰 이슈로 떠오른 이유는 기후가 그만큼 우리 삶에 미치는 영향이 크고 넓어서야. 사람이 살아가는 데 가장 기본이 되는 요소가 의식주 곧 옷과 음식과 집인데, 이것에 거의 절대적인 영향을 미치는 게 기후잖아? 더운 열대 지역 사람들과 추운 북극 지역 사람들의 의식주가 얼마나 크게 다른지만 떠올려 봐. 기후는 사람들이나 어떤 지역의 생활 방식, 경제 활동, 산업, 문화 등을 근본적으로 규정하는 요소라고 할 수 있어.

인류가 지금의 문명을 건설할 수 있었던 것도 온화하고 안정적인 기후 덕분이었어. 지구는 1만 2천 년 전쯤에 마지막 빙하기가 끝나고 날씨가 점점 따뜻해지기 시작했어. 그 덕분에 수렵과 채집 중심의 구석기 시대가 저물고 농사를 지으며 정착 생활을 하는 신석기 시대가 열릴 수 있었지. 문명 건설에 필요한 조건이 갖추어지기 시작한 거야.

따뜻해진 기후의 영향으로 빙하기 때의 빙하가 서서히 녹으면

서 바닷물 수위가 높아졌고, 그에 따라 7천 년쯤 전에 지금의 세계 지도와 같은 땅과 바다 모습이 갖추어졌어. 그 뒤 세월이 흐르면서 농사 짓기에 유리한 세계의 여러 큰 강 유역을 중심으로

인류 문명의 시초인 고대 문명이 탄생했어.

요컨대 문명은 기후의 산물이라고 해도 지나친 말이 아니야. 그러니 기후가 급격히 변하면 우리 삶의 틀이나 질서가 뿌리에서부터 흔들리고 문명의 기초가 무너지게 되겠지? 지금의 기후 위기가 일으키고 있는 근본 문제가 바로 이거야.

게다가 기후라고 하는 건 단순하게 만들어지는 게 아니야. 지구상에 존재하는 육지, 바다, 대기, 생물권 등이 서로 연결되고 뒤얽혀서 복합적으로 상호 작용한 결과로 나타나는 게 기후야.

이처럼 기후에는 지구 생태계를 이루는 자연의 모든 것이 깊이 연관돼 있어. 기후 위기가 수많은 환경 문제 가운데서도 가장 중대하고 심각한 것으로 꼽히는 이유가 여기에 있어.

온실가스를 만드는 화석 연료

그럼 기후 위기는 왜 일어날까? 기후 위기의 주범은 온실가스야. 온실가스가 지나치게 많이 배출된 탓에 지구 기온이 올라가고 그 결과로 지구의 기후 시스템 전체가 무너지고 어지러워지는 것이 기후 위기의 실체야.

온실가스란 온실 효과를 일으키는 기체를 말해. 종류로는 이산화 탄소(CO_2), 메탄(CH_4), 아산화 질소(N_2O) 등이 있어. 이 가운데 기후 위기를 일으키는 데 가장 큰 비중을 차지하는 게 이산화 탄소야. 인간 활동으로 배출되는 전체 온실가스의 70~80퍼센트를 차지하거든. 메탄은 전체 온실가스 중 15~20퍼센트, 아산화 질소는 6~10퍼센트를 차지해.

그럼 온실 효과는 뭐냐고? 공기 중으로 배출된 온실가스는 지구 둘레에 일종의 막 비슷한 걸 형성해. 이 탓에 지구에서 발생한 열이 잘 빠져나가지 못하게 되지. 그러니까, 지구 표면에 부딪친 햇빛이 이 온실가스층에 가로막혀 대기권 밖으로 나가지 못하고 다시 지구

표면으로 반사돼 지구를 뜨거워지게 만든다는 얘기야. 지구를 덮는 담요 같은 역할을 한다고 보면 되겠지. 이걸 온실 효과라고 해.

이 온실가스는 어디서 나올까? 온실가스는 인간의 에너지 사용과 깊은 관계가 있어. 사람은 어떤 활동을 할 때 반드시 에너지를 사용해. 공장에서 물건을 만들 때, 자동차를 타고 다닐 때, 발전소에서 전기를 생산할 때, 집이나 건물 등에서 냉·난방을 할 때처럼 말이야. 에너지 없이는 우리는 생활할 수도 없고 경제나 산업을 유지할 수도 없어. 이 에너지의 대부분을 만들어 내는 건 화석 연료야. 석유, 석탄, 천연가스 등이 대표적인 화석 연료지.

이들 화석 연료를 에너지로 사용하려고 태울 때 뿜어져 나오는 것이 이산화 탄소야. 화석 연료는 본디 탄소 화합물이어서, 태우면 탄소와 산소가 결합해 이산화 탄소가 만들어지거든. 메탄은 대개 농업, 축산, 쓰레기 매립과 처리 과정 등에서 나와. 아산화 질소는 농업에 사용되는 비료 등에서 주로 나오고. 결국, 사람들이 경제와 산업을 발전시키고, 물건을 너무 많이 생산하거나 소비하고, 편리하고 안락한 생활을 하려고 화석 에너지를 지나치게 많이 쓰는 것이 기후 위기를 불러온 가장 큰 원인이라는 얘기야.

  화석 연료란 까마득한 옛날에 식물이나 동물이 죽어 지각 변동으로 땅속에 파묻힌 뒤 수백만 년에서 수억 년 동안 높은 열과 압력을 받으며 분해되는 과정에서 만들어진 연료를 말해. 화석과 비슷한 과정을 거쳐 만들어졌고, 화석처럼 오랜 세월 지층에 묻혀 있다가 오늘날 연료로 쓰이기 때문에 '화석 연료'라는 이름

이 붙었어.

그러니 따지고 보면 애당초 화석 연료란 자연의 고마운 선물이라고 할 수 있지. 한데 인간은 그 고마움을 모르고 자신의 욕구나 필요를 채우려고 화석 연료를 마구 썼어. 그 결과 자연과 인간 모두를 위협하는 무서운 흉기가 되고 말았지. 게다가 화석 연료는 매장량에 한계가 있어서 언젠간 바닥날 수밖에 없어. 이미 빠르게 고갈되고 있지. 기후 위기 사태는 인간이 자연을 잘못 대하면 자연으로부터 호된 반격을 당하게 된다는 사실을 잘 보여 주고 있어. 기후 위기란 결국 지구를 무분별하게 망가뜨린 인간에게 가해진 '자연의 역습'인 셈이야.

인간은 화석 연료를 언제부터 그리고 왜 이토록 많이 쓰게 됐을까? 출발점은 산업 혁명이야. 산업 혁명이란 18세기 중후반 영국에서 시작되어 유럽에서 약 100년에 걸쳐 진행된 생산 기술 발전과 그에 따른 사회 조직의 거대한 변화를 일컫는 말이야. 변화의 핵심은 기계를 이용한 공장제 대량 생산이 본격적으로 시작됐다는 점이고. 산업 혁명은 이후 전 세계로 퍼져나갔고, 이를 통해 지금과 같은 자본주의 경제 체제가 확고한 뿌리를 내렸어.

그러면서 경제의 중심이 농업에서 공업으로 바뀌었지. 이런 변화의 흐름을 타고 온 세상에 밀어닥친 것이 산업화, 근대화, 경제 성장, 개발 등의 거센 물결이야.

화석 연료의 대량 사용이 빛의 속도로 늘어나게 된 건 이런 과정을 거치면서야. 급속히 경제 규모가 커지고 인구가 빠르게 증가한 데다 사람들 생활 수준이 높아지면서 에너지 소비가 어마어마하게 늘어났다는 얘기지. 산업 혁명 이후 최근까지 세계 인구가 여덟 배 늘어나는 동안 에너지 소비는 스물여덟 배나 늘어났어. 그러니 지금의 기후 위기는 화석 연료를 흥청망청 써 온 인간 활동이 일으킨 인위적 환경 재앙이라고 할 수 있는 거야.

기후 위기가 무서운 이유

그런데 온실 효과는 인간 활동의 결과로만 생기는 걸까? 그건 아니야. 이산화 탄소나 메탄 같은 온실가스는 본래부터 지구 대기권에 포함돼 있어. 예를 들어 식물은 낮에는 광합성 작용을 통해 산소를 내뿜지만 밤에는 이산화 탄소를 내보내거든. 이런 자

연적인 온실 효과가 없다면 지구 기온이 엄청나게 낮을 테고 그런 조건에서는 사람을 포함한 생명체가 제대로 살 수 없어.

 문제를 일으키는 건 자연에 본래 존재하는 적은 양의 온실가스가 아니야. 인간 활동의 결과로 아주 짧은 기간에 너무 급격하게 그리고 너무 많이 늘어나고 있는 온실가스가 진짜 골칫거리지.

 이처럼 온실가스는 두 얼굴을 가지고 있어. 자연의 온실가스는 고맙고 소중한 것인 반면에 인간이 인위적으로 배출하는 온실가스는 재앙의 원천이 되고 있는 거야.

 사실 기후 변화는 처음 있는 일이 아니야. 대략 46억 년에 이르는 것으로 추정되는 기나긴 지구 역사에서 기후는 때로는 더워지기도 하고 때로는 추워지기도 하고 그랬어.

 그럼 지금의 기후 변화가 이토록 큰 문제가 되는 이유는 뭘까? 그건 과거

 의 기후 변화와 지금의 기후 변화 사이에 대단히 중요한 두 가지 차이점이 있기 때문이야.

 첫 번째는 과거의 기후 변화가 자연 활동의 결과였다면 지금의 기후 변화는 인간 활동의 결과라는 점이야. 과거에 기후 변화를 일으킨 것은 주로 자연적인 이유였어. 앞에서 언급한 화산 폭발이나 소행성 충돌 외에도 지각 변동이나 해류 변화 같은 것들이 여기에 포함되지. 태양 활동의 변화, 지구 공전 궤도와 자전축 기울기의 변동 등과 같은 천문학적 요인도 빠뜨릴 수 없어. 지금의 기후 위기를 일으키는 인간 활동은 앞서 설명한 대로야.

두 번째는 과거의 기후 변화에 견주어 지금의 기후 변화는 속도가 지나치게 빠르다는 점이야. 산업화 이전 시기와 비교할 때 지금까지 지구 온도는 얼마나 올랐을까? 1.09도야. 여기서 '산업화 이전'은 1850~1900년, '지금'은 2011~2020년을 뜻해. 이 두 시기의 지구 평균 기온을 비교해 봤더니 그 사이에 1.09도가 올랐더라는 얘기야. 이 정도 온도 변화에 걸린 시간은 어림잡아 150년 정도라고 할 수 있고.

이 이야기는 '기후 변화에 관한 정부간 협의체(IPCC)'가 2021년 8월에 공개한 최신 보고서에 나온 내용이야. IPCC는 기후 변화 분야에서 가장 권위 있는 국제 기구야. 여기서 5~7년 간격으로 펴내는 보고서는 세계적으로 기후 위기와 관련된 모든 사항의 표준적인 참고 자료가 되고, 수많은 나라의 기후 정책 수립 등에 과학적 근거로 쓰여. 2007년엔 지구 기후 위기를 막는 데 이바지한 공로로 노벨 평화상을 받기도 했지.

참고로, 우리나라는 비슷한 기간에 기온이 세계 평균보다 두 배나 더 올랐어. 이는 우리나라가 세계에서 유례를 찾아보기 힘들 정도로 급속한 산업화와 경제 성장을 이루면서 에너지를 다른 나라들보다 더 많이 사용한 탓이야.

과거 기후를 연구하는 과학자들에 따르면, 마지막 빙하기가 끝나고 사람들이 농사를 지을 수 있을 정도로 지구 평균 기온이 오르기까지 대략 1만 년 정도가 걸렸어. 분석 결과를 보면 이 기간에 4~5도쯤 올랐지. 1만 년에 5도가 올랐다면 1도 오르는 데 2천 년이 걸린 거잖아? 자연적인 기후 변화의 속도는 이래.

한데 인간 활동이 일으킨 기후 변화는 150년 정도 만에 1.09도가 오른 거야. 계산해 보면 열네 배 이상이나 빠른 거지. 자연적으로 발생하는 기후 변화와 인간이 만들어 낸 기후 변화는 이처럼 속도 차이가 엄청나.

지구의 기후 역사를 분석한 또 다른 연구 결과에 따르면, 대략

10만 년을 주기로 평균 기온이 6~7도 정도 오르락내리락하면서 추운 빙하기와 따뜻한 간빙기가 번갈아 출현했어. 방금 얘기한 1만 년에 4~5도보다 훨씬 느린 속도지. 이것만 보아도 지금 인간이 일으킨 기후 변화가 얼마나 빠른 속도로 진행되고 있는지를 잘 알 수 있어.

  기후 위기가 재앙으로 치닫게 된 가장 큰 이유가 이 '속도'야. 강조했듯이 기후란 모든 생명체의 생존과 삶에 결정적인 영향을 미쳐. 진화의 역사는 주어진 기후 조건과 이 속에서 빚어진 환경에 적응한 생명체만이 생존을 이어갈 수 있다는 걸 잘 보여 주고 있어. 근데 기후의 변화 속도가 너무 빠르면 변화에 적응할 수

없어. 대비책이나 해법을 마련할 시간이 부족하니까 말이야. 오늘날 기후 위기가 우리를 막다른 궁지로 몰아넣고 있는 결정적 이유가 여기에 있어.

기후 위기의 티핑 포인트는?

고작 1.09도 오른 거 가지고 너무 호들갑스럽게 난리 피우는 거 아니냐고? 1도가 그렇게 대단하냐그? 하긴 하루에도 온도 차이가 10도 이상 나는 날도 많으니 이런 생각이 드는 건 자연스러운 일인지도 몰라.

하지만 자연은, 특히 기후는 그렇지 않아. 지구의 평균 기온이 1도 이상 올랐다는 건 굉장한 의미가 있어. 지구는 본디 수많은 요소가 뒤얽혀 상호 작용하면서 돌아가는 아주 복잡하고 정교한 시스템으로 이루어져 있어. 그래서 자연은 인간의 기준으로 보면 미미한 온도 변화에도 아주 민감하게 반응해. 앞서 살펴봤듯이 이 정도 온도 변화에도 이미 지구 곳곳에서 재앙과 같은 일들이 숱하게 벌어지고 있잖아?

여기서 주의해야 할 것은 1.09도 올랐다는 게 지구의 '평균 기온'이라는 사실이야. 지구의 모든 곳이 고르게 그리고 모든 때에 일정하게 1.09도 올랐다는 게 아니라는 거지. 어떤 지역은 덜 오르고 특정한 다른 지역은 더 올라도 평균을 내면 이 수치가 나올 수 있어. 대부분 날의 온도가 이전과 비슷하고 특정한 며칠만 높이 치솟아도 '평균 기온'은 1.09도일 수 있지.

문제는 이 특정한 지역이나 기간에 기후 위기의 매서운 공격이 집중된다는 점이야. 이를테면 지구 전체로는 1.09도 올랐다지만 북극 지역은 3~4도나 올랐어. 그 결과 북극 생태계에서 중심 기둥 구실을 하는 빙하가 급속히 녹아내려서 이에 따른 피해가 눈

덩이처럼 커지고 있어.

　태풍이나 홍수를 비롯해 다른 기후 변화 현상들도 다르지 않아. 평소에는 별다른 문제가 없다가 비록 짧은 기간이라도 집중적으로 들이닥치면 커다란 피해를 입는 거지.

　이렇듯 이전에는 볼 수 없었던 극단적이고 과격한 기상 현상이 늘어나고 기후 변동의 형태나 질서를 예측하기 어려워진다는 것이 기후 위기의 또 다른 중요한 특성이야. 기후 위기가 깊어 갈수록 기후를 둘러싼 이런 혼돈과 불확실성은 더욱 커질 거야. 이에 비례해서 피해 또한 빠르게 늘어날 것이고.

　기후 위기가 진행될수록 그 속도나 정도가 더욱 빨라지고 거세진다는 것도 짚어 볼 점이야.

　다시 북극 지역을 예로 들어볼까? 지구 기온이 올라가니까 빙하와 바다 위 얼음들이 녹아. 내리쬐는 태양 빛을 반사함으로써 기온 상승을 막아 주는 빙하와 얼음이 줄어드니 기온은 더 빨리 올라가겠지? 이렇게 되면 당연히 빙하와 얼음은 더 빨리 그리고 더 많이 녹아. 기온은 더 올라가고 다시 더 많은 빙하와 얼음이 사라져. 이런 일이 계속 반복되는 거야. 기후 위기가 더 깊은 수

렁으로 빠져드는 악순환의 연속인 셈이지.

  그러다 어느 순간 '티핑 포인트'에 맞닥뜨리게 돼. 이게 뭐냐고?

  자, 컵에 물이 가득 차 있다고 해 보자. 이 컵에 물을 한 방울씩 떨어뜨리면 물이 봉긋하게 솟으면서 물의 높이가 서서히 올라가. 그러다가 어느 순간 마지막 한 방울이 떨어지면 그만 물이 넘

쳐서 쏟아져 버리고 말지. 이처럼 어떤 일이 처음에는 미미하게 진행되는 듯하다가 어느 순간 돌연히 전체적인 균형이나 안정이 깨지는 시점을 티핑 포인트라고 해. 작은 변화가 서서히 쌓이다가 극적으로 격변이 일어나고 이것의 폭발적인 충격으로 일순간 모든 것이 변해 버리는 '결정적 순간'을 가리키는 말이지.

 기후 위기도 마찬가지야. 점점 진행되다가 이 티핑 포인트에 다다르면 그땐 상황을 돌이킬 수 없어. 아무리 애를 써도 그 이전 상태를 회복할 수 없는 파국과 붕괴의 순간, 이것이 기후 위기의 티핑 포인트야.

 자연은 본디 자기 복원력이란 걸 가지고 있어. 그래서 지구도 어떤 충격을 받거나 생태계에 교란이 일어나도 어느 정도까지는 스스로 회복할 수 있지. 하지만 여기에는 한계가 있어. 지구가 아무리 맷집이 좋다 해도 자신에게 가하는 공격이나 파괴를 무한히 감당할 순 없거든. 이 한계선이 무너졌을 때 티핑 포인트에 맞닥뜨리게 돼.

 파국이 닥친 후에 뒤늦게 후회해 봐야 무슨 소용이 있겠어? 기후 위기에 훨씬 더 민감하게 반응하고 신속하게 행동해야 하는 건 이런 이유에서야. 지구 기온이 1.09도 높아진 걸 두고서 별거 아니라고 가볍게 여기면 안 돼. 2만 년 전 마지막 빙하기 시절에 지구 평균 기온은 지금보다 6도 낮았어. 고작 6도가 낮았을 뿐인데도 그땐 우리가 사는 북반구의 많은 지역이 빙하와 얼음으로 뒤덮여 있었어. 1도의 무게를 가늠할 수 있겠지?

지구를 지키는 1.5도

기후 위기의 티핑 포인트는 몇 도일까? 즉, 파국을 피하고 우리 삶과 이 세상이 지속될 수 있으려면 산업화 이전 대비 지구 평균 기온의 상승을 몇 도에서 막아야 할까?

1.5도. 이게 답이야. 1.5도를 지구를 지키는 '최후의 방어선'이

라 부르는 까닭이지.

처음엔 이것이 2도였어. 한데 수많은 과학자가 연구해 보니 2도 이내로 지구 기온 상승을 억제한다고 해도 우리의 안전이 보장되지 않는다는 사실이 갈수록 분명해졌어. 2도는 너무 안이하고 느슨한 기준이었던 거야. 달리 말하면, 애초 예상을 뛰어넘어 기후 위기의 양상이 훨씬 더 빨리 험악해지고 있고 이에 따른 재앙도 너무 급격히 커지고 있다는 뜻이지.

만약 1.5도가 넘으면 어떤 일이 벌어질까? 1도가 조금 넘게 오른 지금도 지구 곳곳에서 극단적 기상 현상이 발생하는데 1.5도가 넘어가면 극단적 기상 현상이 세계 모든 곳에서 수시로 발생할 가능성이 대단히 커. 좀 심하게 말하면, 기후 재난이 지구의 모든 지역과 모든 사람에게 일상사가 될 거라는 얘기야.

무엇보다 식량 위기를 우려하는 목소리가 높아. 과학자들은 기온이 1.5도 오르면 세계적으로 3,500만 명이 식량 부족 사태를 겪으리라고 예상해. 2도 오르면 3억 6천만 명으로 열 배 늘어나고, 3도 오르면 18억 명이 넘는 사람이 굶주림에 시달리게 될 전망이야.

우리나라의 식량 현실은 어떨까? 우리나라 식량 자급률은 2019년 기준으로 45.8퍼센트에 지나지 않아. 하지만 이건 사람이 먹는 식량만 계산한 결과야. 가축이 먹는 사료 등을 포함한 전체 곡물 자급률은 21퍼센트로 뚝 떨어져. 즉, 우리에게 필요한 전체 곡물의 5분의 4를 외국에서 들여오고 있는 거야. 이런 상황에서 기후 위기 탓에 세계적으로 식량 부족 사태가 벌어지면 우리나라는 어떻게 될까?

1.5도가 넘으면 이밖에도 물 부족, 바닷물 수위 상승, 해류의 변화나 멈춤, 바닷물 성분 변화, 극지방 빙하와 고산 지대 만년설의 녹아내림, 전염병 확산, 수많은 생물 멸종과 개체 수 감소, 기후 난민 증가 등이 세계 전역에서 일어날 거야. 기후 변화에 관한 정부간 협의체(IPCC)가 내놓은 좀 더 구체적인 전망 가운데 중요한 것 몇 가지만 소개해 볼게.

지구 평균 온도가 1.5~2도 오르면 17억 명이 폭염으로 고통받고 4억 2천만 명이 더위로 인한 질병에 시달리게 될 거야. 홍수 같은 물 피해로만 해마다 270만 명의 이재민이 발생하고, 2050년까지 굶주림과 영양실조로 생명을 잃거나 위협받는 사람이 많게는 8천만 명까지 늘어나. 적도 부근 지역에서 유행하는 감염병들이 중위도 지역인 아시아와 유럽 곳곳에서도 나타날 수 있어.

나아가 지구 평균 온도가 2~3도 상승하면 이번 세기 안에 지구 생물종의 54퍼센트가 멸종할 거래. 책 앞부분에서 얘기한 대멸종이 본격적으로 진행된다고 해도 지나친 말이 아닌 거지.

국제 민간 회의체인 세계 경제 포럼(WEF)은 2018년에 발표한 보고서에서 2050년이 되기 전에 기후 관련 사건으로 최소 12억 명이 고향을 떠날 거라고 예상하기도 했어.

요컨대, 지금 이대로라면 세계 전체가 필연적으로 기후 위기로 인한 엄청난 고통과 희생 그리고 혼란의 도가니에 빠져들 수밖에 없어. 특히 식량이나 물 부족 사태, 기후 난민 문제 등은 여러 나라가 얽힐 수밖에 없는 탓에 국제적 분쟁이나 전쟁도 늘어날 거야. 기후 위기가 국가 안보 문제와도 직결되는 거지.

이처럼 기후 위기는 자연 생태계에 대한 타격을 넘어 정치, 경제, 사회, 문화, 국제 관계, 일상생활 전반에도 커다란 소용돌이를 일으킬 가능성이 아주 커. 이 모든 것이 기존의 기후에 맞추어 설계되고 만들어졌기 때문이야.

이런 얘기가 근거 없는 과장이거나 괜한 공포심과 불안감이나 불러일으키는 선동 같은 걸까? 아니야. 이런 전망은 수많은 세계 과학자의 연구와 분석 그리고 수많은 전문가의 검토와 토론을 거쳐서 나온 결론이야. 지금은 자연의 경고에 귀 기울일 때가 맞아.

안타깝게도 지구가 뜨거워지는 속도는 최근 들어 더욱 빨라지고 있어. IPCC는 앞에서 언급한 2021년 보고서에서 인류가 지금처럼 온실가스를 계속 배출한다면 2021년에서 2040년 사이에 산업화 이후 온도 상승 폭이 1.5도를 넘을 가능성이 크다고 밝혔어. 더 정확하게는 2030년대 중후반이 될 거라는 전망이 지배적이야. 정말 얼마 안 남았지?

근데 같은 IPCC에서 2018년에 낸 보고서에서는 1.5도 도달 시점을 2030년에서 2052년 사이로 전망했어. 불과 3년 만에 1.5도 예상 시점이 10년 가량이나 앞당겨진 거야. 갈수록 긴박하게 울리는 기후 위기의 비상벨은 인류가 기후 위기에 대응할 시간이 빠르게 줄어들고 있다는 엄중한 사실을 일깨워 주고 있어.

기후 위기에서 시간은 우리 편이 아니야. 그렇다면 절망과 비관에 빠져야 할까? 그렇진 않아. 결코 쉬운 일은 아니겠지만 지구 기온 상승을 1.5도 이내로 막으면 희망의 불씨를 살릴 순 있어. 물론 기후 위기가 멈추진 않을 거야. 하지만 최악의 상황은 피할 수 있고, 회복과 새로운 재건의 길로 나아갈 출구를 어떻게든 찾을 수 있어.

전문가 중에는 이런 주장을 하는 이들도 있어. 1.5도 이내로 막는 건 현실적으로 불가능하며, 설령 1.5도가 넘어가더라도 우리가 할 수 있고 또 해야 하는 중요한 일들이 여전히 있다고 말이야. 1.5도가 넘어가더라도 세상이 당장 멸망할 것처럼 체념할 게 아니라 기후 재난을 극복하고 더 나은 지구를 만들기 위해 끊임없이 노력해야 한다는 거지.

어쨌거나 명백한 사실은, 온실가스 배출을 얼마나 빠르게 줄이는가에 우리의 미래가 달렸다는 거야.

3장
탄소 중립이 뭐예요?

기후 위기를 막기 위해서는
지구 온난화로 인한 온도 상승 폭이
1.5도를 넘지 않아야 해.
전 세계가 이를 위해 노력하고 있지.
그중에서 가장 중요한 건 바로 탄소 중립이야.

파리 협정의 빛과 그늘

기후 위기는 전 지구적 문제야. 그래서 그간 국제 사회에서는 기후 위기를 막으려는 노력을 다양하게 기울여 왔어. 대표적인 것으로는 수많은 나라 대표가 모여서 만든 '교토 의정서'와 '파리 협정'을 꼽을 수 있어.

1997년 12월 채택되고 2005년에 공식 발효된 교토 의정서의 핵심 내용은 미국과 일본 그리고 유럽 여러 나라를 비롯해 온실가스를 많이 배출한 서른여덟 개 선진국이 2008년에서 2012년 사이에 의무적으로 온실가스 배출량을 1990년 대비 5.2퍼센트 줄인다는 것이었어. 온실가스를 역사적으로 많이 배출해 온 선진 산업국들이 기후 위기에 가장 큰 책임이 있으므로 이들이 먼저 온실가스 배출을 줄여야 한다는 국제적 합의였지.

하지만 세계에서 온실가스를 가장 많이 배출해 온 미국은 자기들 경제에 너무 손해라면서 여기에 참여하지 않았어. 또 여러 나라 사이에 복잡하게 얽힌 이해관계도 제대로 조정되지 못했지.

그 뒤 세계 사람들은 갈수록 깊어 가는 기후 위기에 더 강력한

대응이 필요하다는 마음으로 다시 모였어. 그렇게 해서 2015년에 새롭게 탄생한 것이 파리 협정이야. 현재 세계 기후 위기 대응의 포괄적인 지침 구실을 하고 있지.

여기선 세계 모든 나라가 지구 온도 상승 폭을 21세기 말까지 산업 혁명 이전 대비 2도 훨씬 아래로 억제하고 최소한 1.5도를 넘지 않도록 노력한다는 국제적 합의가 이루어졌어. 이 협정에서는 '2도'를 특별히 강조했는데 '최후의 방어선'이 1.5도가 된 경위와 배경은 앞서 얘기한 대로야.

세계 대부분 나라가 참여한 파리 협정은 기후 위기를 막을 새로운 '희망의 등불'이 될 수 있을까? 기대가 커진 건 사실이지만 이 협정의 전망이 아주 밝다고 하긴 힘들어. 각 나라가 온실가스 감축 방안을 제출하는 것은 의무 사항으로 규정했지만, 그것을 실제로 이행하게 하는 것은 의무 사항으로 못 박지 못했거든. 모두가 '노력'하기로 합의했을 뿐 목표를 이루는 데 꼭 필요한 강제적이고 법적인 구속력은 없다는 뜻이지. 실제로 적지 않은 나라가 겉으로 내세우는 말과는 달리 자기들 이해관계에 따라 온실가스를 줄이는 일에 미적거리고 있어.

그렇긴 해도 파리 협정이 전 지구적인 기후 위기 대응에서 뜻깊은 이정표 구실을 하는 건 사실이야. 이 협정에 따라 온실가스 배출을 언제까지 얼마나 줄이겠다는 구체적인 목표를 내걸고 이를 이루려고 노력하는 나라들이 점차 늘어나고 있거든.

특히 이 협정은 최근 들어 온실가스 배출량이 급격히 늘어난 개발 도상국들에도 배출량을 줄이라는 의무를 지운다는 점이 중요한 특징이야. 최근에 초고속 경제 성장을 이룬 중국이 대표적이고, 우리나라도 여기에 포함돼.

중국은 현재 온실가스 배출량이 세계 1위야. 우리나라는 11위 정도이고. 이는 이런 나라들이 최근 기후 위기가 깊어지는 데 큰 책임이 있다는 뜻이잖아? 주로 선진 산업국들에 초점을 맞춘 이전의 교토 의정서와 파리 협정이 또렷이 구별되는 점이 이거야. 전체적으로 볼 때 파리 협정이 좀 더 강력하고도 실질적인 조치를 내놓았다고 할 수 있는 거지.

기후 위기 해결, 탄소 중립으로!

그렇다면 기후 위기의 가장 확실한 해결책은 무엇일까? 바로 탄소 중립이야.

탄소 중립에서 '탄소'는 이산화 탄소를 줄인 말이야. 앞으로 이 책에서 탄소라는 말이 나오면 이산화 탄소를 가리킨다고 생각하면 돼. 그리고 '중립'은 어느 쪽에도 치우치지 않고 중간이 되는 걸 의미해. 즉, 탄소 중립은 한마디로 이산화 탄소 배출량을 실질적으로 '제로(0)' 상태로 만드는 걸 뜻해.

쉽게 풀어서 설명해 볼게. 이산화 탄소 배출을 최소한으로 줄이고 이미 배출된 이산화 탄소는 이런저런 방법으로 흡수하거나 제거함으로써, 다시 말하면 배출되는 이산화 탄소의 양과 흡수되거나 제거되는 이산화 탄소의 양을 같아지도록 만듦으로써 이산화 탄소의 순 배출량을 0이 되게 만드는 것이 바로 탄소 중립이야. 이렇게 되면 기후 위기의 원인 자체가 없어지는 셈이잖아? 그러므로 기후 위기의 가장 확실한 해결책이 탄소 중립이라는 거야. 탄소 중립이 왜 그리고 얼마나 중요한지 알겠지?

세계 전체적으로 국가의 정책, 예산, 법과 제도, 경제 활동, 기업 경영, 산업 구조, 일반 시민의 생활 방식 등을 비롯해 거의 모든 영역에서 세상의 표준이 탄소를 중심으로 바뀌고 있어. 탄소 배출에 따른 세금을 새롭게 부과하는 것, 공장에서 물건을 만들 때 탄소를 배출하지 않는 방법이나 기술을 의무적으로 사용하도록 하는 것 등이 대표적이지. 거대한 시대 변화와 사회 전환의 방아쇠, 이게 바로 탄소인 셈이야.

해결책을 알았으니 이제 실천만 하면 되는데 뭐가 걱정이냐고? 탄소 중립이 기후 위기의 해결책이기는 한데, 문제가 있어.

지구 온도 상승을 1.5도 이내로 막으려면 전 세계가 2050년까지는 탄소 중립을 이뤄 내야 한다는 점이야. 동시에 2030년까지 전 세계 이산화 탄소 배출량을 2010년과 비교해 최소한 45퍼센트 이상 줄여야 해. 앞으로 불과 10여 년 안에 이산화 탄소 배출을 지금보다 절반 가까이 줄여야 한다는 거지.

이게 가능할까? 너무 막막하게 들릴지도 모르겠어. 이 목표를 이루려면 에너지, 산업, 교통, 건물, 농업, 폐기물 등을 포함해 화석 연료를 사용하는 모든 영역에서 거대한 변화를 이뤄 내야 하거든. 이는 기존의 생산과 소비 방식, 산업과 에너지 구조 등을 비롯해 우리 경제와 사회의 틀 자체를 바꿔야 한다는 뜻이야. 정말 어려운 과제지.

그러나 우리가 살길은 이것밖에 없어. 그래서 지금 세계 곳곳에서는 탄소 중립을 이루려는 다양한 움직임이 아주 활발해.

무엇보다 2050년까지 탄소 중립을 이루겠다고 공식 선언하는 나라들이 줄을 잇고 있어. 130여 개 나라가 이미 선언을 했거나 추진 중이야. 온실가스 배출을 줄이라는 국제 사회의 압력을 오랫동안 외면해 오던 세계 1위 온실가스 배출국 중국마저도

2060년까지 탄소 중립을 달성하겠다고 선언했어. 세계에서 에너지와 자원을 가장 많이 소비하는 미국은 온실가스 배출량을

2030년까지 2005년 대비 50~52퍼센트 줄이겠다고 발표했고.

가장 앞서가는 곳은 어디일까? 단연 유럽이야. 유럽 스물일곱 개 나라가 모여 만든 유럽 연합(EU)은 2021년 6월에 2030년까지 온실가스 배출량을 1990년 대비 55퍼센트 줄이고 2050년까지 탄소 중립을 이루겠다는 것을 법으로 명시한 이른바 '기후 기본법'을 제정했어. 기존의 배출량 감축 목표는 40퍼센트였는데 이 목표치를 훨씬 올린 거야.

그중 독일은 탄소 중립을 이루는 목표 시점을 2045년으로 잡았어. 대다수 나라의 목표 시점인 2050년보다 5년 앞당겼지. 2030년까지 배출량 감축 목표도 다른 나라들보다 높은 65퍼센트로 정했어. 영국은 2035년까지 1990년 대비 배출량을 78퍼센트까지 줄이기로 했고 말이야.

이런 야심 찬 목표를 이루기 위해 다양한 정책을 펼치고 있는

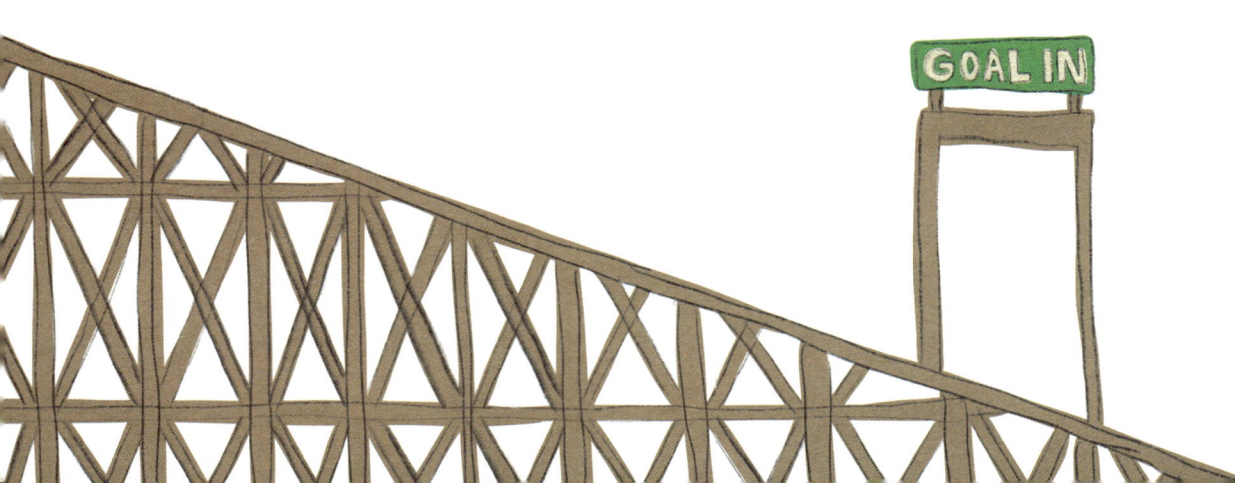

데, 대표적인 것이 석유를 연료로 하는 차량의 판매를 금지하는 정책이야. 휘발유나 경유 같은 석유를 연료로 하는 갖가지 차량과 항공기는 온실가스의 주요 배출원 가운데 하나거든. 유럽에서는 이런 차량의 판매를 2035년부터 사실상 금지하기로 했어. 세계 최고의 '자동차 왕국'인 미국 또한 2030년부터 미국에서 판매되는 새 차의 절반을 친환경 차로 채우겠다는 계획을 발표했지. 지금 우리 주변에서 흔히 볼 수 있는, 석유로 달리는 자동차는 머잖아 역사 속으로 사라질 수도 있어. 대신에 온실가스를 내뿜지 않는 전기차 같은 것이 대세가 될 거야.

프랑스에서 2021년 7월 통과된 기후 관련 법에서는 고속 열차로 2시간 30분 이내 거리, 그러니까 서울-부산 간보다 짧은 거리는 비행기 운항을 아예 금지하기로 했어. 만약 이 법을 우리나라에서도 시행한다면 국내에서는 거의 비행기로 이동할 수 없게 된다는 얘기지. 또 에너지 낭비가 심한 집은 2028년부터 임대를 금지하기로 했어. 물, 공기, 토양을 일부러 오염시키면 '환경 학살' 혐의로 기소될 수 있고, 법원에서 유죄 판결을 받으면 복원까지 책임져야 한다는 규정도 포함됐어.

스웨덴은 자기 나라에서 세 번째로 큰 공항을 없애고 대신 이 공항터에 주택을 건설하겠다는 계획을 세웠어.

 이건 모두 어떻게든 온실가스 배출을 줄이려는 안간힘의 산물이야. 세상은 이렇게 흘러가고 있어.

탄소 제로 시대를 향하여

 바야흐로 전 세계가 '탄소 제로(0) 시대'를 향해 나아가고 있다는 것은 '탄소'라는 수식어가 앞에 붙은 새로운 말들이 속속 등장하고 있는 데서도 엿볼 수 있어. 탄소세, 탄소 국경 조정제, 탄소 시장, 탄소 발자국 같은 것들 말이야.

 이것들은 탄소를 기준으로 삼아 수많은 분야에서 새로운 법, 제도, 세금, 정책, 관행 등이 생겨나고 있는 현실을 잘 보여 주고 있어. 당연히 앞으로는 이런 게 더 많이 생겨날 거야.

 '탄소세'란 말 그대로 탄소 배출에 부과하는 세금이야. 개인이나 기업이 이산화 탄소를 배출한 만큼 그 이산화 탄소에 매겨진 가격에 따라 세금을 내도록 하는 제도지. 일종의 '환경 세금'이라고 할 수 있어. 2021년 현재 50여 개 나라에서 시행하고 있는데, 우리나라는 아직이야.

흔히 '탄소 국경세'라고 알고 있는 '탄소 국경 조정제'는 유럽 연합에서 2026년부터 본격적으로 시행하기로 한 것인데, 유럽으로 수입되는 제품 가운데 유럽 내에서 생산한 것보다 탄소를 더 많이 배출한 제품에 대해 추가로 부담금을 물리는 제도야. 국경을 넘는 상품에 대해 부과하는 세금인 관세의 일종이라고 할 수 있어. 탄소를 많이 배출하는 산업 분야인 철강, 시멘트, 알루미늄, 비료 등부터 이 제도를 적용하기로 했지. 우리나라처럼 탄소를 많이 배출하는 업종 중심으로 산업 구조가 짜인 나라들에는 경제적 타격이 클 거라는 전망이 높아.

'탄소 시장'이라는 것도 있어. 말 그대로 탄소를 사고파는 시장이야. 즉, 어느 국가나 기업의 온실가스 배출량이 자신들에게 주어진 할당량보다 적으면 남은 걸 다른 데 팔 수 있고, 반대로 배출량이 할당량을 넘어서면 다른 데서 '배출권'을 살 수 있다는 거지. 탄소를 무슨 물건처럼 시장에서 사고판다는 건 이전에는 상상도 할 수 없었잖아. 기

후 위기가 낳은 희한하고도 씁쓸한 풍경이지.

'탄소 발자국'은 뭘까? 이건 사람이 활동하거나 상품을 생산·유통·소비·폐기하는 과정에서 발생하는 모든 이산화 탄소의 양을 수치로 나타낸 것을 말해. 그래서 탄소 발자국을 계산해 보면 내가 일상생활을 하면서 얼마나 많은 이산화 탄소를 배출하는지 그리고 어떤 물건이 처음 생산되는 단계부터 마지막으로 버려지기까지 얼마나 많은 이산화 탄소를 배출하는지를 알 수 있어. 우리 모두 탄소 발자국을 줄이려고 노력해야겠지?

우리나라는 기후 악당 국가?

우리나라는 탄소 중립을 위해 얼마나 노력하고 있을까? 말했듯이 현재 우리나라의 온실가스 배출량은 세계 11위야. 기후 위기의 역사적 책임이 어느 정도인지를 판별하는 잣대인 1951년 이후 누적 배출량으로 따져도 17위나 돼. 1인당 배출량에서는 경제 협력 개발 기구(OECD) 서른여덟 개 회원국 가운데 7위이고, 배출량 증가율은 세계 최고 수준이야. OECD란 세계 경제 발전과 무역 촉진 등을 위해 만들어진 국제 기구로서 흔히 '선진국 클럽'이라 불리기도 해.

이것만 보아도 우리나라가 지구 기후 위기에 꽤 큰 책임이 있다는 걸 쉽게 알 수 있어. 그런데도 세계 흐름과 비교하면 우리나라의 탄소 중립을 위한 노력은 상당히 소극적이고 미흡한 편이야.

물론 우리나라도 2020년 10월에 2050년까지 탄소 중립을 이루겠다는 공식 선언을 하긴 했어. 2021년 10월에 열린 26차 유엔 기후 변화 협약 당사국 총회(COP26)에서는 정부가 온실가스 배출량을 2030년까지 2018년 대비 40퍼센트 줄이겠다는 발표를 하기도 했고.

하지만 이 정도로는 부족하다는 비판의 목소리가 높아. 일단 2030년 목표치 자체가 국제적 권고 기준에 맞추려면 50퍼센트 이상은 돼야 한다는 지적이 나오고 있어. 실제 국내에서 줄어드는 온실가스 배출량은 30퍼센트에 지나지 않는다는 비판도 제기됐어. 실현 여부가 불확실한 기술에 의존하거나, 다른 나라에 숲을 조성하는 것과 같은 어정쩡한 나라 밖 활동도 포함된 탓이지.

 이런 식이라면 세계 기후 위기 대응에서 우리나라가 짊어져야 할 '공정한 책임'을 다하기 어려워.

 더 큰 문제는 실제 현실에서는 탄소 중립과는 어긋나는 정책을 펼 때가 적지 않다는 점이야. 석탄 화력 발전이 좋은 보기야. 우리나라에서 배출되는 전체 온실가스의 30퍼센트가 석탄 화력 발전소에서 나와. 그래서 탄소 중립을 이루려면 이 석탄 발전소들을 점점 줄여서 결국은 없애야 해. 실제로 수많은 나라가 이렇게 하고 있어. 대신에 온실가스를 내뿜지 않는 햇빛이나 바람 같은 재생 에너지 사용을 쑥쑥 늘리고 있지. 한데 우리나라는 2021년에 이미 두 개의 석탄 화력 발전소를 새로 건설했고, 2022년 1월 현재 다섯 개나 되는 신규 발전소를 추가로 더 만들고 있어.

공항도 그래. 비행기는 엄청난 양의 온실가스를 배출하는 탓에 이미 있는 공항을 없애는 나라들도 있는 판국에, 우리나라는 정부가 앞장서서 초대형 공항 건설을 밀어붙이고 있거든.

왜 이런 일이 벌어질까?

우선, 탄소 중립을 이루는 데 핵심 역할을 해야 할 정부와 기업의 의지나 철학이 부족하기 때문이야. 기후 위기가 얼마나 심각한지, 이 문제가 왜 중요한지에 대한 인식 자체가 약한 거지.

많은 기업이 온실가스 배출을 줄이면 비용이 늘어난다는 이유로 강력한 탄소 중립 정책 추진에 반발하고 있는 게 현실이야. 겉으로는 국민 경제에 대한 부담이 커진다느니 하면서 그럴싸한 핑계를 대기도 해. 하지만 그들의 속내는 오랫동안 굳어진 기존의 사업 방식에서 벗어나기 싫다는 거야.

정부도 기본적으로 이들과 별반 다르지 않아. 그래서 겉으로는 기후 위기나 탄소 중립을 중시하는 듯하지만 실제로는 공허한 선언이나 말치레에 그칠 때가 많지.

한편으로, 우리나라의 산업과 에너지 시스템 자체가 온실가스를 많이 배출하는 구조로 이루어져 있다는 점도 문제야.

전체적으로 볼 때 우리나라는 아직도 화석 연료 시대의 낡은 고정 관념에서 벗어나지 못하고 있는 듯해. 온실가스 배출을 줄이면 돈이 많이 든다든가, 경제 성장이나 산업 발전에 걸림돌이 된다든가, 일자리가 줄어든다든가 하는 것들이 대표적이야.

이는 화석 연료를 마구 쓰면서 이룩해 온 경제 성장이나 산업화가 안겨 준 달콤한 안락함과 편리함 그리고 손쉬운 돈벌이 방식에 너무 깊이 중독된 결과야. 잘 알다시피 우리나라는 세계에서 유례를 찾아보기 어려운 초고속 성장을 계속해 온 탓에 이 중독의 정도가 다른 나라에 견주어 심한 편이라고 할 수 있지.

하지만 이걸 알아야 해. 기후 위기에 적극적으로 대응하면 당장은 비용이 늘어날 수 있지만 길게 보면 경제적으로도 큰 이익이 된다는 사실을 말이야.

극한의 기상 이변, 해수면 상승, 생물 멸종, 사막화, 대규모 기후 난민 사태 등이 일으키는 피해 비용이 얼마나 될지, 또한 이런 문제들에 대처하고 해결하는 데 드는 비용이 얼마나 될지는 정확하게 파악하기 힘들어. 그렇지만 한 가지 분명한 사실은 기후 위기 대응이 늦어질수록 이런 비용이 천문학적으로 늘어난다는 거야. 생태적 측면뿐만 아니라 경제적 측면에서도 기후 위기에 좀 더 적극적으로 대응해야 하는 거지.

우리나라는 국제 사회에서 '기후 악당 국가'라는 달갑잖은 별명으로 불리곤 해. 온실가스는 잔뜩 내뿜으면서 그에 걸맞은 책임과 의무는 다하지 않기 때문이야. 더 늦기 전에 '기후 모범 국가'로의 변신을 서둘러야 해. 이것이 21세기의 참된 선진국이 되는 길이야.

4장
기후에도
정의가 필요해

기후 위기를 일으키는 온실가스는
선진국들이 훨씬 많이 배출했어.
하지만 기후 위기의 피해를
가장 크게 입고 있는 것은
가난하고 힘없는 나라들이지.
이게 옳은 일일까?

우리한테 무슨 죄가 있나요?

환경 문제를 바라보는 관점 가운데 매우 중요한 것이 '환경 정의'야. 환경 분야에도 정의와 평등의 원칙이 실현돼야 한다는 원칙이지. 환경 정의가 던지는 핵심 질문은 다음의 두 가지야. 환경이 오염되거나 파괴됐을 때 그 피해와 고통은 누구에게나 공평하게 나누어질까? 반대로 환경을 잘 보전했을 때 그 이득과 혜택은 누구나 공평하게 누릴까?

둘 다 대답은 '아니오.'야. 피해나 고통은 가난하고 힘없는 사람들에게 떠넘겨지고 이득과 혜택은 부유하고 힘센 사람들이 차

지할 때가 많아. 몸에 해로운 쓰레기나 오염 물질 따위를 처리하는 시설이 주로 가난한 사람들이 사는 곳에 들어서는 것이 좋은 보기야. 쓰레기를 많이 버리는 사람들은 소비를 많이 하는 부유층인데, 정작 이것을 처리하는 시설은 쓰레기를 많이 버리지 않는 빈곤층 거주 지역에 들어서는 경우가 많다는 얘기지. 이는 공평하지도 않고 정의롭지도 않으며 민주주의에도 어긋나는 거잖아? 이런 잘못된 현실을 바로잡고 모든 사람과 생명체가 높은 환경의 질을 고루 누리는 지속 가능하고도 정의로운 사회를 만들자는 게 환경 정의 운동이야.

 기후 위기도 다르지 않아. 불평등과 불공평 문제가 심각하기는 마찬가지거든. 정의의 눈으로 기후 위기를 따져 봐야 기후 위기의 원인과 결과, 책임 소재, 해결 방안 등을 더욱 명료하게 이해할 수 있어.

 먼저 확인할 게 있어. 기후 위기를 일으킨 주범은 누구일까? 바로 그간 온실가스를 펑펑 내뿜어 온 선진 산업국들이야. 일찍부터 산업화와 경제 성장을 이루고 물질의 풍요를 누리는 과정에서 엄청나게 많은 에너지를 사용해 왔거든. 실제로 세계 인구의 20퍼센트에 불과한 선진 산업국 사람들이 지구 전체 에너지와 자원의 80퍼센트를 소비하고 있어.

그동안 오랜 세월에 걸쳐 누적된 온실가스 배출량의 국가 순위는 어떻게 될까? 미국이 25퍼센트로 압도적인 1위야. 다음은 유럽 여러 나라로 이루어진 유럽 연합이 22퍼센트로 2위이고, 3위는 현재 배출량 1위인 13퍼센트의 중국이야. 산업화를 먼저 이루면서 오랫동안 세계를 쥐락펴락해 온 서구 선진 산업국들과 오늘날 '세계의 공장'이라 불릴 정도로 빠른 성장을 이룬 중국 등이 여태껏 배출된 지구 전체 온실가스 양의 60퍼센트를 배출해 온 거지. 물론 우리나라도 커다란 책임이 있고.

이런 나라들에 견주어 가난한 나라나 개발 도상국들은 이제 좀 잘살아 보겠다고 경제 발전을 이루기 위해 애쓰고 있어. 한데 기후 위기가 깊어지면서 그만 모든 나라가 온실가스 배출을 줄이지 않으면 안 되는 처지에 놓였어. 결국 선진 산업국들이 저질러 놓은 일의 책임을 수많은 나머지 나라 사람들이 함께 지게 된 셈이지.

무엇보다 기후 위기의 피해가 집중되는 곳이 산업화나 경제 성

장을 제대로 이루지 못한 가난한 나라들이라는 게 큰 문제야. 정작 이들 나라가 배출한 온실가스는 얼마 되지 않는데도 말이야.

생각해 봐. 기후 위기가 일으키는 해수면 상승으로 국토 전체가 바닷속으로 가라앉고 있는 조그만 섬나라들이 그동안 온실가스를 배출했으면 얼마나 했을까? 온실가스를 많이 배출할 대규모 산업 시설 같은 것도 없는데 말이야. 그래서 이 나라 사람들

은 이렇게 항변하고 있어. "우리한테 무슨 죄가 있죠? 기후 위기를 일으킨 건 잘사는 선진국들인데, 그 피해는 왜 가난한 우리가 뒤집어써야 합니까." 배불리 먹은 사람은 따로 있는데 그 설거지를 내가 해야 한다면 기분이 어떻겠어?

　실제로 기후 위기의 피해를 가장 크게 입고 있는 것은 가난하고 힘없는 나라들이야. 동남아시아, 남아시아, 아프리카, 라틴

아메리카 등과 같은 곳들이지. 이들 지역은 태풍, 홍수, 가뭄, 사막화 등을 비롯해 기후 위기에 따른 기상 이변과 자연재해의 영향을 크게 받고 있어.

반면에 잘사는 선진 산업국들은 대부분 북아메리카와 유럽 쪽에 몰려 있어. 이들 나라 사람들은 산업 혁명 이후 온실가스를 대량으로 내뿜어 지구를 망가뜨린 결과로 풍요와 안락을 누리고 있지. 게다가 이들 나라는 기후 위기 문제를 다루는 국제 회의나 세계적인 정책 결정에서도 가난하고 힘없는 나라들에 비해 훨씬 큰 영향력과 권한을 행사해. 기후 위기에 대응하는 데 필요한 시설, 자금, 기술 등도 많이 가지고 있고.

이처럼 기후 위기에는 불공평과 불평등 문제가 깊이 아로새겨져 있어. 이것이 정의의 눈으로 기후 위기를 보면 알게 되는 '불편한 진실'이야. 기후 위기에 얽힌 이런 모순과 부조리를 직시하면서 기후 위기의 정의로운 해법을 찾고 또 실천하는 것을 '기후 정의' 운동이라고 해.

기후 위기도 불평등해

기후 위기가 계급 또는 계층에 따라 불평등하게 적용된다는 사실을 알고 있니?

요즘 기후 위기의 영향으로 여름철에 비정상적인 폭염이 발생하는 날이 부쩍 늘었어. 누가 더 폭염의 피해를 많이 입을까? 주로 바깥에서 고된 일을 하는 가난한 노동자나 농민, 온전한 집이라고 할 수 없는 쪽방이나 비닐하우스 등에서 살아가는 사람들, 돌봐 줄 사람도 없이 아픈 몸으로 홀로 생활하는 노인 등이야. 모두 사회적 약자들이지.

이들이 생활하거나 일하는 곳에는 에어컨 같은 냉방 시설이 제대로 갖춰져 있지 않아. 그 탓에 폭염이 덮치면 큰 피해나 희생을 당할 위험이 아주 커.

폭염 피해는 수많은 사례 가운데 하나에 지나지 않아. 기후 위기의 피해가 가난한 이들에게 집중되는 가장 큰 이유는 이들의 삶이 자연의 영향을 크게 받기 때문이야.

세계 전체를 둘러보면 특히 더 그래. 가령 인도에서는 기후 위

기로 말미암은 극심한 가뭄으로 지난 30여 년 동안 6만 명에 가까운 농민이 스스로 목숨을 끊었어. 농작물 피해가 커지고 그에 따라 빚도 늘어나 먹고살기가 너무 고달파진 결과 빚어진 비극이지. 기후 변화로 숲이 망가지거나 줄어들고, 강수량이 줄어들어 논밭이 황폐해지며, 태풍이 닥칠 때마다 강물이나 바닷물이 넘치는 지역에서 살아가는 세계 곳곳의 사람들도 다르지 않아.

부유층과 빈곤층 사이의 온실가스 배출량 차이는 얼마나 될까? 유엔 산하 기구인 유엔 환경 계획(UNEP)이 2020년 12월에 공개한 보고서에 따르면, 세계에서 가장 부유한 1퍼센트 사람들의 온실가스 배출량이 소득 하위 50퍼센트에 해당하는 사람들 전부의 배출량보다 두 배 이상 많았어. 세계적인 국제 구호 개발 기구 옥스팜(Oxfam)이 2020년 9월에 발표한 보고서는 세계 상위 10퍼센트의 부유층 사람들이 세계 전체 이산화탄소 배출량의 52퍼센트, 최상위 1퍼센트는 배출량의 15퍼센트를 차지한다고 밝혔어. 반면 저소득층 하위 50퍼센트 사람들이 차지하는 비중은 전체 배출량의 7퍼센트에 지나지 않아.

가장 널리 쓰이는 에너지인 전기를 소비하는 방식도 정의의 관점에서 짚어 볼 필요가 있어. 예를 들어 원자력 발전소는 사고가 한 번이라도 나면 '죽음의 물질'인 방사능이 누출되기 때문에 거대한 재앙을 피할 수 없어. 근데 이런 원전에서 만들어진 전기 대부분을 소비하는 곳은 어딜까? 다시 말하면 원전이 제공하는 이득과 혜택을 가장 많이 누리는 이들은 누굴까?

원전에서 생산된 전기의 대부분은 원전이 있는 곳에서 쓰이는 게 아니라, 서울과 수도권을 비롯해 전기를 많이 쓰는 대도시 인구 밀집 지역이나 공장 등이 몰려 있는 산업 지대로 보내져. 전기를 생산하는 지역과 소비하는 지역이 일치하지 않는 거야. 결국, 원전 지역 주민들은 자기들이 쓰지도 않는 전기를 생산하느라 크나큰 위험과 불이익을 떠안은 채 살아가고 있는 거지.

이건 공평하지 않아. 전기 생산에 큰 위험이 따른다면 그 전기를 맘껏 쓰면서 큰 혜택을 누리는 사람들이 그 위험도 떠안아야 하지 않을까? 우리나라에서 생산되는 전체 전기량 가운데 원전이 차지하는 비중은 2020년 기준으로 약 30퍼센트에 달해. 우리가 이 많은 양의 전기를 생산하고 소비하는 방식은 누군가의 커다란 고통과 희생을 바탕으로 하고 있는 거야.

이런 현실이 던지는 메시지가 무엇인지는 잘 알겠지? 기후 위기를 막으려면 피해자인 가난한 사람들과 약자보다는 온실가스를 대량으로 뿜어 대면서 풍요와 소비를 즐기는 부유한 사람들이 훨씬 더 큰 책임을 져야 한다는 거야.

계층뿐 아니라 세대 사이도 마찬가지야. 에너지 소비가 선사하는 이득과 혜택을 누리는 건 지금 살고 있는 현세대야. 하지만 그로 인한 기후 위기의 피해와 그 피해를 줄이는 데 필요한 노력이나 비용 부담 등은 미래 세대 몫으로 떠넘겨지고 있어. 정말 불공평하지?

시야를 더 넓혀 보자. 인간과 다른 생물종 사이에도 어김없이 불공평이 도사리고 있어. 사람은 어쨌거나 나름대로 기후 위기에 대처할 수 있는 여러 가지 수단이나 자원을 갖추고 있어. 하지만 다른 동식물은 기후 위기의 타격을 그야말로 맨몸으로 받을 수밖에 없어. 수많은 생물종이 멸종 위기로 내몰리는 게 그 단적인 보기야. 기후 위기를 일으킨 건 인간인데 피해는 다른 동식물에게 훨씬 더 크게 돌아간다는 거지.

기후 위기는 단순히 자연의 비정상적인 변화에서 끝나는 게 아니야. 나라, 지역, 계층, 세대, 생물종 등을 비롯해 다양한 차원에 걸쳐 정의와 공평성을 망가뜨리고 있어. 자연의 문제인 동시에 인간 세상과도 깊이 연관된 사회 문제이자 정치 문제이기도 한 거야. 거의 모든 환경 문제가 이런 속성을 띠고 있어.

선진국들에게 더 큰 책임과 의무를!

그래서 세계 차원에서 기후 위기의 올바른 해법을 찾을 때도 기후 정의의 관점을 적용하는 것이 꼭 필요해. 즉, 기후 위기를

제대로 해결하려면 온실가스를 대량으로 배출한 부유한 선진국들이 훨씬 더 큰 책임과 의무를 져야 해.

온실가스 배출량을 줄이려면, 또 기후 위기가 일으키는 갖가지 피해와 문제를 해결하려면 막대한 돈과 기술이 필요해. 선진 산업국들이 이런 걸 많이 가지고 있으니 이들이 감당해야 할 몫이 클 수밖에 없어. 자기 나라의 온실가스 배출량을 줄이는 데서 할 일을 끝내선 안 된다는 거야.

물론 기후 위기는 모든 나라와 모든 사람이 함께 책임져야 할 인류 전체의 문제야. 그렇지만 그 책임의 정도와 맥락은 크게 달라. 이 점을 명심해야 기후 위기의 올바른 해결책을 찾을 수 있어. 동시에 이것이 기후 위기 문제에서 정의를 세우는 길이야.

산업화의 길을 걷기 시작했거나 한창 걷고 있는 가난한 나라나 개발 도상국들은 어떻게 하는 게 좋을까? '우리도 잘살아 보세!'라고 외치며 선진국들이 여태껏 그랬던 것처럼 온실가스를 마구

내뿜으면서 경제 성장의 고속도로를 질주하기만 하면 될까?

이렇게 되면 지구가 훨씬 더 위태로워지는 건 물론이고 종국에는 그 나라들 자신에게도 나쁜 영향을 미칠 위험이 커. 그러므로 이런 나라들도 이제는 경제적 발전을 추구하더라도 지구를 결딴내는 기존의 파괴적이고 맹목적인 경제 성장 방식이 아니라 자연과 공존할 수 있는 새로운 방식을 찾아 나서는 게 좋아. 선진국들 또한 당연히 이런 방향으로 바뀌어야 하고.

얘기를 정리해 보자. 선진국들부터 앞장서서 자신들의 책임에 걸맞게 온실가스 배출을 크게 줄이되, 동시에 개발 도상국들도 이에 점차 동참하고 선진국들은 이들에게 기술과 자금 등을 대폭 지원해 이런 노력을 적극적으로 돕는 것. 이것이 기후 정의 원칙에 따른 현명한 기후 위기 대응책이야.

5장
에너지 전환으로 탄소 중립을!

온실가스를 배출하는 화석 연료 사용을
줄이거나 없애야 탄소 중립을 이루고
기후 위기를 해결할 수 있어.
이를 위해 나라, 기업 그리고 우리가
해야 할 일은 무엇일까?

에너지 낭비를 줄이려면

 오늘날 전 세계에서 사용되는 에너지의 80퍼센트가 화석 연료로 만든 에너지야. 온실가스는 이 화석 연료 에너지를 사용할 때 나오므로 기후 위기 문제는 결국 에너지 문제라고 할 수 있어. 지구를 파괴하는 화석 연료 중심의 기존 에너지 현실을 바꿔야 하는 거지. 어떻게 바꾸냐고?

 핵심은 세 가지야. 첫째는 최대한 에너지를 절약하고 에너지 효율을 높이는 거야. 둘째는 화석 에너지에 대한 의존을 점차 줄이거나 없애고 대신에 재생 에너지를 늘리는 거야. 셋째는 좀 더 근본적인 차원에서 화석 연료를 많이 사용하도록 틀이 짜여 있는 기존의 사회 경제 시스템과 사람들의 생활 방식을 바꾸는 거야. 국가든 개인이든 서로 맞물린 이 세 가지를 함께 실천함으로써 이전과는 다른 새로운 에너지 시스템을 만들려고 하는 모든 노력을 '에너지 전환'이라 불러.

 먼저 에너지 절약과 효율 향상을 어떻게 할 수 있을까?

 에너지 전환에서 에너지 사용을 줄이는 것이 중요하다는 건 당

연한 얘기야. 그런데 에너지 사용을 줄이려면 에너지를 아껴 쓰고 덜 쓰는 글자 그대로의 에너지 절약뿐만 아니라 에너지 효율 향상도 동시에 이루어져야 해. 더 적은 에너지로 더 많은 일이나 활동을 해야 한다는 뜻이지. 특히 에너지를 대량으로 사용하는 기업이나 산업체, 공공 기관 같은 데서 이런 실천을 열심히 하면 에너지 절약 효과가 더욱 커.

우리나라에서 에너지 낭비의 주범은 개인이나 가정이 아니라 공장 같은 거대한 생산 설비를 이용하는 기업이야. 현재 우리나라의 분야별 전력 에너지 소비량을 살펴보면 제조업을 중심으로 한 산업용이 60퍼센트나 차지하거든. 한마디로 공장 같은 산업 생산 시설에서 엄청나게 많은 에너지를 사용한다는 뜻이지. 이에 견주어 일반 가정에서 쓰는 건 14퍼센트 정도야.

산업 분야에서 이처럼 에너지를 많이 쓰는 가장 큰 이유는 뭘까? 그건 우리나라 산업 구조 자체가 에너지를 많이 쓰는 업종 중심으로 이루어져 있어서야. 철강, 석유 화학, 정유, 반도체, 조선업 등이 그런 분야지. 게다가 기업용 전기 요금도 싼 편이어서 기업 입장에서는 굳이 에너지를 절약하거나 에너지 효율을 높이려고 애쓸 필요가 없어. 이런 요인들이 어우러져서 막대한 에너지 소비를 낳고 있는 게 우리 현실이야.

그러므로 우리나라에서 에너지 소비를 줄이려면 산업 구조와 경제 시스템 자체를 에너지를 덜 쓰는 방향으로 바꿔 나가는 게 가장 중요해. 기업들에 제공하는 전기 요금 특혜 등도 과감하게 줄여야 해. 각 개인과 가정도 일상생활에서 에너지 사용을 줄이려고 각별히 노력해야 한다는 건 두말할 필요가 없겠지? 전체 에너지 소비에서 차지하는 비중이 크든 작든 관계없이 말이야.

에너지를 절약하고 효율적으로 사용하는 기술은 이미 꽤 개발된 편이야. 단열, 조명, 전동기(모터) 등과 같은 분야에서 특히 그래. 물론 옛 기술을 새로운 기술로 대체하려면 당장은 돈이 좀 들어. 그렇지만 길게 보면 당연히 이득이 돼. 에너지 절약과 효율 향상. 이것은 경제 구조를 바꾸든 개인적 삶의 방식을 바꾸든 에너지 전환을 이루는 데서 늘 염두에 둬야 할 중요한 일이야.

재생 에너지에 날개를!

 재생 에너지란 화석 연료처럼 사용하면 없어지는 게 아니라 아무리 써도 끊임없이 다시 생겨나는 에너지를 말해. 종류로는 태양의 빛과 열, 바람, 바이오매스, 수력, 조력, 지열 등이 있어.
 태양과 바람은 알겠는데 그 다음부터는 조금 어렵지? 바이오

매스란 나무, 농작물 가지, 볏짚, 톱밥 같은 농업과 산림 부산물, 동물의 배설물 등을 포함한 다양한 생물 자원과 유기성 폐기물을 아울러 일컫는 말이야. 수력이란 환경에 별다른 해를 끼치지 않는 방식으로 높은 곳에서 떨어지는 강물의 힘을 이용하는 것이고, 조력이란 바다의 파도나 조수 간만의 차(밀물 때와 썰물 때의 바닷물 높이차)가 만들어 내는 힘으로 에너지를 생산하는 걸 말해. 지구 안에 존재하는 땅속의 열을 가리키는 지열도 훌륭한 재생 에너지야. 지하의 뜨거운 증기나 지하수가 머금고 있는 열을 이용해 전기를 생산하지.

그럼 왜 재생 에너지를 사용해야 하냐고? 그야 당연히 여러 가지 장점 때문이지.

첫째, 생태적이야. 자연을 거의 파괴하지 않고 온실가스를 배출하지 않거든. 둘째, 바닥날 염려가 없어. 아무리 많이 써도 끝없이 다시 생겨나니까. 셋째, 석유처럼 특정 지역에 집중돼 있지 않아. 어디서나 햇빛, 바람, 강물 등을 해당 지역의 자연적 조건에 맞추어 손쉽게 활용할 수 있어. 넷째, 민주적이야. 재생 에너지는 에너지원 자체가 각 지역의 자연에 다양하게 흩어져서 존재하잖아? 그래서 에너지를 화석 연로나 원자력처럼 중앙으로 집중된 시스템에서 일방적으로 공급받지 않아도 돼. 에너지의 생산, 소비, 활용 등을 지역 주민 주도로 할 수 있다는 거지.

재생 에너지의 장점은 이뿐만이 아니야. 다섯째, 재생 에너지의 경제적인 효과가 갈수록 커지고 있어. 세계적으로 재생 에너지가 놀라운 속도로 늘어나고 있어서 이 분야에서 새로운 일자리를 많이 만들어 낼 수 있거든. 관련 기술 발전 등에 힘입어 다양한 산업 발전 효과가 기대되기도 해. 여섯째, 평화의 에너지야. 재생 에너지는 온실가스는 물론 위험한 물질을 만들어 내지 않고 사고가 날 가능성도 거의 없어. 석유처럼 분쟁이나 갈등을 일으킬 염려도 없지.

어때? 이렇게나 장점이 많은 재생 에너지를 쓰는 게 당연하다는 생각이 들지 않니?

재생 에너지는 오늘날 눈부신 성장을 거듭하고 있어. 예를 들면 2020년에는 코로나19 바이러스 사태로 경제 활동이 쪼그라드는 바람에 세계 에너지 수요가 약 5퍼센트 줄었어. 하지만 그 와중에도 재생 에너지만큼은 유일하지 10퍼센트 가까운 성장을

기록했지. 특히 태양광과 풍력 발전의 성장세가 눈부셔.

국제 에너지 기구(IEA)가 최근 공개한 보고서에서 내놓은 예측은 더욱 고무적이야. 재생 에너지가 2020년부터 10년에 걸쳐 전 세계 전기 수요 증가의 80퍼센트를 차지할 것이며, 그 과정에서 2025년이면 세계 전체 전기 생산량 가운데 재생 에너지 비중이 33퍼센트에 이를 거라고 밝혔거든. 다수의 조사 기관은 이 비율이 2050년이면 50~60퍼센트가 될 거라고 전망하고 있어.

이런 흐름을 선도하는 것은 유럽 지역이야. 탄소 중립에서 이 지역이 앞서가고 있는 것과 같은 맥락이지. 특히 에너지 선진국으로 손꼽히는 독일은 2050년까지 전체 전기 생산량에서 재생 에너지 비중을 80퍼센트까지 높인다는 야심 찬 계획을 추진하고 있어. 반면에 석탄 화력 발전소는 2038년까지 완전히 없애기로 했어. 덴마크는 풍력 발전으로 유명한 나라야. 일찌감치 2012년부터 전체 전기 소비량 가운데 30퍼센트 이상을 풍력 발전이 공급하기 시작했거든. 지금은 2030년까지 전체 전기 수요의 절반을 재생 에너지에서 얻겠다는 계획을 차곡차곡 실천에 옮기고 있어.

기업들도 다르지 않아. 특히 세계적 차원에서 2050년까지 기업들이 자신들이 쓰는 전기 전부를 재생 에너지로 조달하겠다고 자발적으로 선언하는 국제 캠페인이 활발하게 펼쳐지고 있어. 세계적인 대기업 300여 곳이 동참하고 있지. 아직 많이 미흡하지만 우리나라에서도 여기에 참여하는 기업들이 늘고 있어. 이젠 기업 활동에서도 재생 에너지 사용이 필수 사항으로 떠오른 거야. 이처럼 기후 위기와 탄소 중립은 돈벌이가 가장 중요한 목적인 기업마저도 바꾸고 있어.

이렇게 된 중요한 이유 가운데 하나는 재생 에너지를 생산하는 데 드는 비용이 기술 발전 등에 힘입어 빠르게 낮아지고 있어서야. 비용이 많이 들면 재생 에너지를 쓰고 싶어도 쓰기 힘들잖아? 최근 10년 동안 태양광은 82퍼센트, 해상 풍력은 39퍼센트나 전기 생산 비용이 낮아졌거든. 이런 흐름에 힘입어 재생 에너지는 머잖아 경제적 측면에서도 화석 연료보다 우수한 에너지가 될 가능성이 있어.

물론 재생 에너지에도 단점은 있어. 가장 많은 지적을 받는 것은 날씨, 지형, 계절의 변화와 같은 자연적 조건의 영향을 크게

받는 탓에 안정적으로 전기를 만들어 내기 어렵다는 점이야. 맞는 말이야. 하지만 바로 그렇기 때문에 재생 에너지를 더욱 늘림으로써 더욱 튼실하고 안정적인 재생 에너지 시스템을 만들어 나가야 해. 그리되면 이런 단점은 자연스레 해결될 테니까 말이

야. 동시에 재생 에너지 공급이 불안정해졌을 때 이를 해결할 수 있는 보완적인 에너지 공급 시스템을 갖추는 것도 필요해.

태양광이나 풍력 발전 시설이 여기저기 마구 들어서면서 자연 경관을 훼손하거나 생태계를 파괴한다는 비판이 나오기도 해. 이것도 일리가 있는 얘기야. 실제로 이런 일이 벌어지곤 하거든. 이는 재생 에너지를 확대해 가는 과정에서 주의해야 할 점이라고 할 수 있어. 기술 수준이 낮다거나 비용이 많이 든다든가 하는 오래된 비판은, 방금 살펴봤듯이 이미 해결됐거나 빠르게 해결되고 있어.

우리나라는 재생 에너지를 얼마나 쓰고 있을까? 2020년 기준으로 세계 전체 전기 생산량 중에서 재생 에너지가 차지하는 비중은 27퍼센트야. 반면에 우리나라는 5퍼센트 정도에 지나지 않아. OECD 회원국들로 범위를 좁히면 꼴찌 수준이지. 참 안타깝고도 민망한 일이야.

화석 연료 에너지 시대는 빠르게 저물고 있어. 과거로 되돌아가고 싶으면 화석 연료를 선택하면 돼. 그러나 미래의 선택은 당연히 재생 에너지야.

내가 만드는 탄소 중립

그럼 화석 연료 중심의 기존 에너지 현실을 바꾸기 위해 나라나 기업이 아닌 우리가 할 수 있는 일은 없냐고? 당연히 있지! 우리가 살아가는 데 꼭 필요한 의식주부터 생각해 보자.

혹시 고기 좋아하니? 요즘 사람들은 고기를 참 좋아하고 또 자주 먹지. 근데 육식은 기후 위기의 커다란 원인 가운데 하나야. 전 세계 온실가스 배출량의 15퍼센트 정도가 축산업에서 나오거든. 축산업은 물 낭비의 주범이기도 해. 세계 전체 물 소비량의 30퍼센트가 축산업에서 쓰인다고 해.

게다가 수많은 가축에게 먹일 사료를 생산하려면 옥수수나 콩 등을 대규모로 재배해야 해. 예를 들어 쇠고기 1킬로그램을 생산하려면 사료 곡물이 20킬로그램이나 필요하다고 해. 문제는 이 탓에 열대 우림을 비롯해 세계 곳곳의 숲과 땅이 마구 파괴된다는 사실이야. 특히 나무는 이산화 탄소를 흡수하잖아? 그래서 숲은 기후 위기를 막는 데 중요한 구실을 하는데, 이 숲이 고기 생산의 희생양이 되어 무분별하게 파괴되고 있는 거야.

소가 트림을 하거나 방귀를 뀔 때 나오는 메탄가스(CH_4)도 골칫거리야. 메탄은 온실효과가 이산화 탄소보다 20배 이상이나 강하거든. 따라서 고기를 덜 먹을수록 기후 위기를 막는 데 큰 도움이 돼. 음식을 바꾸는 것이 세상을 바

꾸는 길인 거지.

물론 고기를 아예 먹지 않는 건 힘들 수 있어. 그렇지만 예를 들어 일주일에 세 번 먹던 걸 한 번으로 줄이는 건 할 수 있잖아? 프랑스의 기후 관련 법에는 음식에 관한 규정도 포함돼 있대. 공립 학교는 일주일에 최소한 한 번은 채식 메뉴를 제공해야 한다는 거야. 우리나라 학교들도 새겨들을 얘기야.

음식물 쓰레기 문제도 중요해. 전 세계에서 생산되는 음식물 가운데 무려 3분의 1이 먹지 않고 버려진다고 해. 부유한 나라들에서 한 해 동안 버려지는 음식물 양이 세계에서 가장 가난한 곳인 아프리카 사하라사막 이남 지역 나라들 전체가 한 해 동안 생산하는 음식물 양과 비슷하다는 조사 결과도 있어. 우리나라에서 버려지는 음식물도 엄청난데 그 가운데 퇴비나 가축 사료 등으로 재활용되는 건 20~40퍼센트 정도에 지나지 않아.

잊지 말아야 할 것은 먹거리를 생산하고 운반하고 요리하는 모

든 과정에서 에너지가 대량으로 쓰인다는 점이야. 그래서 음식을 먹는다는 건 에너지를 먹는 것이라고 할 수도 있어. 특히 산업화된 현대 농업은 석유를 아주 많이 사용해. 농약과 화학 비료는 모두 석유로 만들고, 각종 농기계를 움직이거나 농산물을 운송하는 데에도 석유가 없으면 안 돼. 비닐하우스의 재료인 비닐도 석유로 만드는 화학 제품이고 말이야. 식생활을 바꾸는 것이 기후 위기를 막을 수 있는 중요한 생활 실천 방법 가운데 하나라는 걸 충분히 이해할 수 있겠지?

옷은 어떨까? 요즘은 사람들이 옷을 너무 쉽게 사고 너무 쉽게 버려. 옷이 싸고 흔해진 탓이지. 패스트푸드에 빗댄 '패스트 패션'이라는 말까지 유행하고 있어. 패스트 패션이란 최신 유행이나 소비자의 취향을 곧바로 반영해 빨리빨리 만들어 유통시키는 옷을 가리키는 말이야.

근데 옷을 만드는 의류 산업도 기후 위기에 큰 영향을 미치고 있어. 세계 전체 이산화 탄소 배출량의 10퍼센트가 의류 산업에서 나오니까 말이야. 옷을 만드는 과정에서 낭비되는 물의 양도 엄청나. 옷감을 염색할 때 발생하는 폐수도 문제지. 또한 석유를 원료로 해서 만드는 옷감도 매우 많은데, 이런 옷감으로 만든 옷은 버리거나 세탁할 때 미세 플라스틱 같은 오염 물질이 잔뜩 나오기 때문에 환경을 크게 망치게 돼.

만들어지는 옷이 많으니 버려지는 옷도 많겠지? 헌 옷 쓰레기는 지구를 오염시키는 골칫거리야. 헌 옷은 '수출'이라는 명목으로 저개발국가로 떠넘겨지고 있는데, 특히 우리나라는 헌 옷 수출이 세계 5위라고 하니 넘치는 헌 옷 쓰레기의 책임에서 벗어날 수 없어.

무엇을 어떻게 먹는가와 마찬가지로 무엇을 어떻게 입는가 하는 것도 기후 위기와 직결되는 무척 중요한 일이라는 걸 명심해야 해. 유행을 좇는 것보다는 지구를 지키는 게 좋지 않을까?

에너지 전환에는 집도 큰 역할을 할 수 있어. 전 세계에서 사용되는 에너지 가운데 약 36퍼센트가 집이나 건물에서 소비되고 있거든. 그중에서도 난방 에너지 소비량이 상당히 많아. 그래서 기후 위기 시대를 맞아 '제로 에너지 하우스'라는 게 요즘 한창 뜨고 있어. 말 그대로 에너지 소비를 전혀 하지 않는 것을 궁극적인 목표로 하는 집이야. 여기엔 두 가지 방식이 있어.

　하나는 필요한 에너지를 바깥에서 공급받는 게 아니라 집 자체에서 생산하는 방식이야. 가정용 태양광 패널이나 풍력 발전기 등을 설치해 전기를 직접 생산해서 쓰고 지열로 물을 데워 샤워하는 등의 방법으로 에너지를 조달하는 거지. 이런 집을 액티브 하우스라 불러.

　다른 하나는 집 내부의 에너지나 열이 바깥으로 빠져나가는 걸 막음으로써 에너지 손실을 최소한으로 줄이는 방식이야. 이런 집을 패시브 하우스라 하는데, 보온병의 구조와 원리를 떠올리면 이해하기 쉬워. 즉, 유리창을 3중으로 만들고 지붕, 벽, 바닥

등 집 안 곳곳에 첨단 단열재를 설치함으로써 열이 외부로 새나가는 걸 막는 동시에 바깥의 차가운 공기가 들어오는 걸 차단하는 거야.

이렇게 하면 보온병처럼 실내 온도를 일정하게 유지할 수 있어. 이를 위해 집 내부에서 공기를 적절하게 순환시키는 환기 장치를 갖추는 것도 필요해. 또 이런 집은 대개 집 방향이 남쪽을 향하고 있어. 이렇게 하면 겨울철엔 햇빛이 집 안 깊은 곳까지 많이 들어오고, 반대로 여름철엔 햇빛이 적게 들어오거든.

패시브 하우스는 1991년 독일에서 처음 시작됐는데, 최근 우리나라에서도 친환경 건축에 대한 관심이 높아지면서 일반 주택이나 아파트를 지을 때 패시브 하우스 기술을 도입하는 사례가 점차 늘고 있어.

꼭 완벽한 액티브 하우스나 패시브 하우스가 아니더라도 내가 사는 아파트 베란다에 조그만 태양광 패널을 설치하는 것도 에너지 전환을 위한 훌륭한 실천법이야. 설치하거나 해체하는 방법 모두 어렵지 않아서 이사할 때 가져갈 수도 있어. 설치에 드는 비용의 상당 부분을 시청이나 구청 같은 데서 지원해 주는 지역도 있고. 이렇게 하면 에너지 소비자를 넘어 에너지 생산자의 길로 들어설 수 있는 거야. 내가 사는 집이 '미니 햇빛 발전소'로 변신하는 거지. 어때? 해 볼 만하지 않아?

생활 속 탄소 중립 실천하기

자가용 사용을 줄이고 대중교통 이용이나 걷기를 늘리는 건 온실가스 배출을 줄이는 데 아주 효과가 커. 자동차들이 뿜어 대는 온실가스의 양이 어마어마하거든. 그래서 요즘 한창 인기를 끌고 있는 것이 전기차나 수소차처럼 오염 물질을 거의 배출하지 않는 친환경 차량이야.

전기차란 차에 설치된 고성능 배터리에서 공급하는 전기 에너지로 달리는 차를 말해. 수소차는 기체의 한 종류인 수소를 에너지원으로 활용하는 수소 연료 전지라는 장치에서 전기 에너지를 얻어 움직이는 차를 가리키고 말이야. 요즘 도로에서 종종 볼 수 있는 파란색 번호판을 단 차들이 이런 친환경 차량이야. 이 자동차들의 겉모습은 기존 자동차와 다르지 않아. 휘발유나 경유 같은 석유가 아닌 전기나 수소가 차를 움직이게 한다는 점이 다를 뿐이지.

근데 여기서 주의할 점이 있어. 친환경 차에 쓰이는 전기와 수소를 어디서 어떻게 얻느냐 하는 거야. 만약 이것들을 화석 연료에서 얻는다면 친환경 차량이 늘어날수록 화석 연료 사용 또한 늘어난다는 말이 되는 거잖아? 자동차 자체는 온실가스나 오염 물질을 내뿜지 않더라도 말이야. 실제로 이런 일이 벌어지고 있어. 전기 자동차의 전기는 물론 수소 연료 전지 자동차에 필요한 수소의 대부분을 화석 연료에서 얻고 있거든.

그렇기 때문에 전기차나 수소차가 기존 자동차를 대체하는 건 바람직하긴 하지만, 더 근본적으로는 자동차 사용 자체를 줄이고 대중교통 이용을 늘리는 게 중요해. 가령 지하철을 타면 이

산화 탄소 배출량을 중대형 승용차의 100분의 1, 소형 승용차의 50분의 1로 줄일 수 있어.

　세계를 둘러보면 버스나 지하철 같은 대중교통을 전면적 또는 부분적으로 무료로 이용할 수 있는 도시들이 갈수록 늘어나고 있어. 프랑스, 룩셈부르크, 에스토니아 등 유럽 여러 나라가 앞장서고 있지. 이런 정책은 기후 위기에 대응하는 차원뿐만 아니라 도시에 새로운 활력을 불어넣고 저소득층에 경제적 도움을

제공하는 차원에서도 좋은 호응을 얻고 있어. 우리나라에도 이런 도시가 늘어나면 좋겠지?

　이런 맥락에서 공공 자전거 이용을 더욱 활성화하는 것도 필요해. 시청이나 구청 같은 공공 기관에서 자전거를 대량으로 확보해서 시민들이 싼값이나 무료로 이용할 수 있도록 하는 거지. 자전거를 사람들이 많이 다니는 곳곳에 비치해 두고 필요한 사람이 쓰고 나서 제자리나 아니면 다른 정해진 자리에 다시 갖다 놓도록 하는 거야. 요즘 우리나라에서도 자전거를 이런 식으로 이용할 수 있는 도시가 늘고 있어. 서울의 '따릉이', 대전 '타슈', 창원 '누비자', 광주 '타랑께', 세종 '어울링' 등이 대표적이야.

특히 서울에서는 초록색 바퀴가 달린 따릉이 자전거를 타는 사람들을 흔히 볼 수 있어. 서울시 발표에 따르면 2020년 한 해 동안 시민들의 따릉이 이용 건수가 약 2,371만 건에 달해. 하루 평균 이용자 수는 약 6만 5천 명이나 되고. 따릉이의 전체 수는 37,500대, 대여소는 3,040곳에 이르기 때문에 서울 시민이라면 누구나 편리하게 이용할 수 있어. 2020년 11월부터는 자전거의 크기와 무게를 줄인 '새싹 따릉이'도 등장했어. 기존의 일반 따릉이는 15세 이상이어야 이용할 수 있었는데 새싹 따릉이는 13세 이상으로 이용 연령을 낮췄기 때문에 어린이도 이용할 수 있어. 1차로 2천 대가 도입됐는데 앞으로 더 늘릴 계획이야.

화석 연료 중심의 기존 에너지 현실을 바꾸기 위해 일상 소비 생활에서는 어떤 걸 가장 염두에 둬야 할까? 여러 가지를 꼽을 수 있겠지만 일회용품 덜 쓰기와 포장재 쓰레기 줄이기를 특별히 강조하고 싶어.

일회용품은 환경을 망가뜨리는 주범일 뿐만 아니라, 딱 한 번만 쓰고 버리는 것이니 그 자체로 지나치게 낭비야.

갈수록 심각한 문제로 떠오르는 건 포장재 쓰레기야. 환경부가 5년마다 실시하는 '전국 폐기물 통계 조사'의 2017년 발표 결과에 따르면 우리나라에서 1년 동안 발생하는 생활 폐기물 가운데 약 40퍼센트가 포장 폐기물인 것으로 나타났어. 특히 최근엔 코로나19 사태가 오랫동안 계속되면서 사람들이 집 안에 머무는 시간이 크게 늘어났잖아? 그 바람에 온라인 상품 구매와 음식 배달 등이 가파르게 증가했고, 덩달아 포장재 쓰레기도 엄청나게 늘어났어. 무슨 물건이든 만들 때 에너지를 쓰므로 탄소 중립을 이루는 데서도 이 두 가지는 아주 중요한 문제라고 할 수 있어.

물론 요즘엔 기술 발달 덕분에 바이오플라스틱 같은 친환경 물질이 개발되기도 했어. 쓰레기 중에서도 가장 큰 골칫덩이는 석유에서 뽑아낸 물질로 만드는 플라스틱이거든. 쏟아져 나오는 양이 어마어마할 뿐만 아니라 자연적으로 분해되는 데 수십 년에서 길게는 수백 년까지 걸리기 때문이지. 한마디로 아주 오랫동안 썩지 않는 탓에 자연을 크게 망가뜨린다는 얘기야. 하지만 바이오플라스틱은 미생물에 의한 분해가 빨리 되거나 식물을 원료로 해서 만든 플라스틱이야. 바이오플라스틱의 발명은 퍽 뜻깊은 일이라고 할 수 있지.

하지만 아직 한계가 많아서 널리 쓰이진 못하고 있어. 무엇보다 가격이 너무 비싼 데다 이것의 성질이 기존 플라스틱을 온전히 대체하기는 어려워서야. 예컨대 열을 가하면 모양이 변한다거나 낮은 온도에서는 부서지기 쉽다거나 하는 문제들이 있어. 아마 이런 결함들은 기술이 더 발달하면 점차 해결될 수 있을 거야. 그러니 우선은 지나친 포장재 소비를 줄이는 것이 중요한 일이겠지?

지금까지 살펴본 것처럼 의식주를 비롯해 우리의 일상생활은 기후 위기와 아주 밀접한 관계를 맺고 있어. 나의 행동과 실천은 그만큼 탄소 중립을 이루는 데서도 큰 몫을 떠맡고 있지. '나 혼자만 애쓴다고 달라질 게 있을까?' 혹시 이런 생각이 들지도 모르겠어. 아니야. 세상의 변화는 나로부터 시작된다는 것을 꼭 기억하렴. 거대한 둑도 미세한 구멍 하나로 무너지기 시작하듯이 세상의 큰 변화 또한 조그만 변화가 쌓이고 모여서 이루어지는 거야.

"지금 당장 행동하십시오"

마지막으로 꼭 하고 싶은 얘기가 있어. 탄소 중립을 위한 실천에서 가장 핵심적인 것은 에너지를 지나치게 낭비하는 지금의 경제 체제와 산업 구조, 사람들의 생활 방식 등을 근본적으로 바꾸는 일이라는 거야. 에너지 소비를 줄이는 것이 가장 긴요한 일이라는 거지.

한 번 더 자동차를 예로 들어 볼까? 말했듯이 석유로 달리는 자동차가 줄어들고 전기차나 수소차 같은 친환경 자동차가 늘어나는 건 일차적으로 좋은 일이야. 하지만 자동차가 늘어난다는 건 그만큼 자동차를 많이 생산해야 한다는 얘기잖아? 그리되면 결국 자동차 생산 과정에서 에너지와 자원을 많이 쓸 수밖에 없고, 덩달아 각종 쓰레기와 오염 물질도 많이 나올 수밖에 없어.

바로 그 때문에 자동차 사용을 줄이고 대중교통을 이용하는 게 중요하다는 거야. 자동차를 많이 사용할 수밖에 없도록 만드는 기존 사회 시스템과 경제 및 산업 구조, 생활 문화 등을 바꾸는 것이 근원적인 과제라고 강조하는 이유 또한 여기에 있어. 자

동차를 보기로 들었지만 다른 것들도 마찬가지야.

그러므로 에너지 전환은 단지 사용하는 에너지를 바꾸는 데서 그치는 게 아니야. 세상과 삶 자체를 바꾸는 일이야.

이를 위해 가장 중요한 것은 경제 성장에 대한 집착에서 벗어나는 거야. 무엇이든 더 많이 생산하고 소비하는 것이 좋다는 식의 고정 관념을 버려야 해. 적정한 수준이나 규모를 넘어서지 않는 범위 안에서 경제 발전을 이루는 건 필요해. 하지만 맹목적이고도 무한한 경제 성장은 끝없는 낭비와 환경 파괴의 악순환을 낳을 뿐이야. 기후 위기가 바로 여기서 비롯했잖아?

스웨덴의 세계적인 청소년 환경 운동가 그레타 툰베리는 지난 2019년 미국 뉴욕에서 열린 유엔 기후 행동 정상 회의에서 수많은 국가 지도자를 향해 이렇게 말했어.

"저는 여기 단상 위가 아니라 대서양 건너편 학교에 있어야 합니다. 그런데도 제가 여기에 온 것은 여러분이 헛된 말로 내 꿈과 어린 시절을 빼앗아 갔기 때문입니다. 사람들이 고통 속에서 죽어 가고 있습니다. 생태계 전체가 무너져 내리고 있습니다. 우리는 대멸종의 시작점에 있는데 여러분이 하는 이야기는 온통 돈과 끝없는 경제 성장의 신화에 관한 것뿐입니다. 도대체 어떻게 감히 그럴 수 있습니까? 우리

는 당신들을 지켜볼 것입니다. 말로만 떠들지 말고 지금 당장 행동하십시오."

바로 이거야. 지금 당장 행동하는 것. 특히 개인뿐만 아니라 각 나라의 정부와 기업 등이 모두 함께 실천에 나서는 것이 중요해. 반드시 그리고 긴급히 해결해야 할 중대한 문제가 있는데 이 문제가 왜 생겼는지를 모르면 이는 최악의 경우야. 원인은 알아도 해결책을 찾지 못한다면 이 또한 불행한 일이지. 하지만 이 책이 전하는 것처럼 우리는 기후 위기의 원인을 알고 있고 해법이 무엇인지도 알고 있어. 남은 건 구체적인 실천이야. 한 걸음이라도 내딛는 게 그래서 중요해.

기후 위기는 이 지구와 자연이 인간에게 내는 마지막 시험일지도 몰라. 만약 이 시험에서 떨어진다면 그때 우리를 기다리는 건 대재앙과 대혼돈일 거야. 반면에 탄소 중립이라는 합격의 관문을 통과한다면 이는 사람과 자연이 행복하게 공존하는 새로운 지구 역사의 출발점이 될 수 있어. 우리가 해야 할 일이 이런 '특별한 일'이라면 힘껏 도전해 볼 가치가 있지 않을까?